全媒体专业教材
QUANMEITI ZHUANYE JIAOCAI

网络视听
内容创作
教程

WANGLUO SHITING
NEIRONG CHUANGZUO
JIAOCHENG

全媒体专业教材编委会　编
湖北省网络视听协会　组编

华中科技大学出版社
http://press.hust.edu.cn
中国·武汉

图书在版编目（CIP）数据

网络视听内容创作教程 / 全媒体专业教材编委会编；湖北省网络视听协会组编 . —— 武汉：华中科技大学出版社，2024.1

ISBN 978-7-5680-9602-7

Ⅰ.①网… Ⅱ.①全… ②湖… Ⅲ.①互联网络—视听传播—节目制作—教材 Ⅳ.① G206.2

中国国家版本馆 CIP 数据核字（2024）第 016896 号

网络视听内容创作教程	全媒体专业教材编委会 编
Wangluo Shiting Neirong Chuangzuo Jiaocheng	湖北省网络视听协会 组编

策划编辑：曾　光

责任编辑：白　慧

封面设计：小徐书装

责任监印：朱　玢

出版发行：华中科技大学出版社（中国·武汉）　　电话：（027）81321913
　　　　　武汉市东湖新技术开发区华工科技园　　邮编：430223

印　　刷：武汉市科华包装印刷有限公司

开　　本：787mm×1092mm　1/16

印　　张：12.75

字　　数：227 千字

版　　次：2024 年 1 月第 1 版第 1 次印刷

定　　价：49.00 元

本书若有印装质量问题，请向出版社营销中心调换
全国免费服务热线：400-6679-118　竭诚为您服务
版权所有　侵权必究

全媒体专业教材编委会

总 顾 问：罗建辉　于慈珂　岑　卓　沈　涛　王瀚东
顾　　问：姜公映　王正中　邓秀松　何志武　代志武　郭小平
　　　　　曾　光
编委主任：沈　涛　陈志义　阮　瑞
编　　委（按姓氏笔画）：
　　　　　丁兰兰　万君堂　王　娟　王　婷　王　鹤　王世勇
　　　　　王兆楠　冉　军　代志武　代媛媛　朱永胜　向　东
　　　　　刘立成　刘蓓蕾　闫　萍　许翠兰　阮　瑞　孙喜杰
　　　　　李　华　李汉桥　吴俊超　吴海燕　岑　卓　邹旭化
　　　　　沈　涛　张　冲　张　静　张凌云　陈　威　陈　瑛
　　　　　陈志义　范文琼　林庆明　易柯明　周泯君　屈定琴
　　　　　洪　维　秦　贻　徐志清　席　静　黄　亮　黄　磊
　　　　　常志良　斛玉娟　望海军　董松岩
总 主 编：陈志义　吴俊超
本册主编：范文琼
副 主 编：屈定琴

序　言

无处不在无人不用的全媒体

二十世纪初期以来，"全媒体"一词被国内外学者、媒体从业者广泛传播与应用。大批研究者就全媒体在网络科技与新闻信息传播、媒介运营管理等方面的理论和应用展开了研究，但对其概念的界定尚未形成统一认识。"全媒体"一词源自美国的MSO公司，涉及报纸、杂志、电台、电视、网站等多种媒体类型。结合国内外业界、学界对"全媒体"概念的研究，我们可以将全媒体概括为泛媒体化的媒介形态，把其定义为：全媒体是在信息通信技术和媒介数字化智能化的推动下，综合运用文字、图片、音频、视频等媒介资源，整合各类生产要素，融合形成的形态多样、互动便捷、传播立体的媒体形态。

一、全媒体发展历程

1994年，中国正式接入国际互联网，部分民众通过拨号上网方式获取网站资讯。其后几年，网络媒体以其海量讯息和互动交流的特色获得用户青睐。伴随着互联网的广泛运用，逐步出现了网络视听节目，虽然受网络传输速度的影响，观看体验不佳，但这种图文+视频的网络新媒体形态仍然得到了越来越多人的认可。全媒体的发展大致经历了以下三个阶段。

（一）2G网络时代，视频网站媒体形态登上历史舞台

进入新千年后，很多互联网公司试水网络视频播放业务，例如新浪、搜

狐、网易、互联星空等，由于网络点播卡顿，视频消费以下载到本地观看为主。2005年2月15日，美国视频网站YouTube上线，以视频分享服务作为其运营定位，受到全球网民追捧，迅速发展为影响力甚广的视频网站，其运营模式被中国视频网站广为借鉴。

在此前后，国内的土豆网、56网、PPTV、PPS网络电视、酷6网、优酷网等视频网站相继出现，并确立了各自发展的侧重点。土豆网、56网主要定位为视频分享，视频内容以用户上传为主。PPS网络电视、PPTV则运用P2P技术定位为网络电视客户端。酷6网聚焦用户生成内容模式，内容涵盖影视节目及自拍网播剧等。优酷网借鉴YouTube的视频分享模式，打造"快速播放、快速发布、快速搜索"的平台特性。

以上各大视频网站的发展侧重点虽然不同，但不管是采用视频分享模式还是作为网络视频客户端，这些视频网站大多没有自行生产内容的能力，所播放的网络视听节目的主要来源依然是电视台的节目和其他一些影视作品。在此阶段，这些网站通常采取的方式是对视频进行拆条、二次加工后于电脑端播放。借助网络的即时性、传播速度快、受众年轻化等特点，广播电视节目得以扩大受众群体，延伸传播路径。

（二）3G网络时代，视频制作大众化、普及化

随着网络传输效率快速提升，各类网络视频平台如雨后春笋般涌现出来，如暴风影音、腾讯视频、爱奇艺等。通过网络下载或在线观看视听节目，成为当时公众新的、普遍的娱乐方式，成为上网用户使用最多的服务之一。

2007年8月8日，北京奥运会倒计时一周年，优酷网借此契机正式揭幕"优酷狂拍客！中国一日24小时主题接力"主题活动。优酷网在视频行业首次提出"拍客无处不在"的理念，提倡每个人都当拍客，通过参与活动的拍客达人们的精彩演绎，充分彰显"拍客视频时代"的标签内涵。此类活动也推动了网络视听节目草根化、大众化，为更多人所接受。

这一阶段，随着摄像机的小型化，数码摄像机在家庭普及，越来越多的人化身为拍客，将所摄制的视频上传至网络平台。民众由网络视听节目的观看者

转换为主动制作者、参与者，这使得网络视听节目的受众群体进一步扩大，网络新媒体内容更接地气。

（三）4G/5G 网络时代，视频传播移动化、碎片化

网络通信技术的发展催生了智能手机的迅速普及，2013 年底，TD-LTE 牌照发放至三大网络运营商，开启 4G 网络商用时代。2014 年始，4G 智能手机、平板电脑及各类 APP 得到广泛运用，使得网络视听节目更加深入大众生活。

2020 年 5G 通信技术落地推广，5G 手机及智能可视设备再次发力，视频平台多样化，网络直播风靡一时，短视频爆火。人们通过各种移动终端移动观看各种视频，各类媒体平台呈现出数量海量化、内容精品化、时长碎片化、观影移动化等特点。这一阶段，抖音、快手、爱奇艺、腾讯视频、bilibili、斗鱼等全民参与的视频终端平台繁荣发展。

总的来说，网络视听节目的发展受生产力发展水平、科学技术水平，尤其是信息通信技术水平的制约和影响，在不同阶段呈现不同发展趋势和特点，并推动各类媒体融合发展。网络新媒体从移植报刊文章、电视节目、影视剧转变到成为人们创作、表达的工具，活跃的网络视听节目用户则实现了从"看客""拍客"到"自媒体"的角色转换。人们在纸媒、广播、电视、户外电子屏、网络新媒体等汇集而成的"信息塔"式全媒体矩阵中自由遨游。

二、全媒体的未来发展

5G 时代的传输技术推动全媒体长足发展，新的发展趋势将颠覆现有媒体使用方式，带来沉浸式体验和场景化、便利化的交互方式，甚至可能出现以非语言或触摸指令进行传播的媒体新模式，摆脱终端屏幕的束缚，传播资源也会愈加丰富。在个性化需求彰显的时代，传播者需要以一种不同于传统行为主义、功能主义的新思路来思考消费者的个性特征与主观心态。

"推动媒体融合发展、建设全媒体成为我们面临的一项紧迫课题。"2019 年 1 月 25 日上午，习近平总书记在主持中共中央政治局集体学习时强调，要做大做强主流舆论，巩固全党全国人民团结奋斗的共同思想基础，为实现"两

个一百年"奋斗目标、实现中华民族伟大复兴的中国梦提供强大精神力量和舆论支持。

全媒体不断发展，出现了全程媒体、全息媒体、全员媒体、全效媒体，信息无处不在、无所不及、无人不用，使得舆论生态、媒体格局、传播方式发生深刻变化，新闻舆论工作面临新的挑战。

为使主流媒体具有更加强大的传播力、引导力、影响力、公信力，形成网上网下同心圆，使全体人民在理想信念、价值理念、道德观念上紧紧团结在一起，让正能量更强劲、主旋律更高昂，加快推动媒体融合发展，形成形态多样、互动便捷、传播立体的全媒体，是我国传媒业界、学界需要研究和实践的重要任务。

（一）全媒体融合发展是趋势和规律

坚持导向为魂、移动为先、内容为王、创新为要，在体制机制、政策措施、流程管理、人才技术等方面加快融合步伐，建立融合传播矩阵，打造融合产品。要坚持一体化发展方向，加快从相加阶段迈向相融阶段，通过流程优化、平台再造，实现各种媒介资源、生产要素有效整合，实现信息内容、技术应用、平台终端、管理手段共融互通，催化融合质变，放大一体效能，打造一批具有强大影响力、竞争力的新型主流媒体。

（二）推动全媒体向纵深发展

融合发展全媒体不仅仅是新闻单位的事，还要把新闻单位、科技企业、政府部门所掌握的社会思想文化公共资源、社会治理大数据、政策制定权的制度优势转化为巩固壮大主流思想舆论的综合优势。首先，做好顶层设计，打造新型传播平台，建成新型主流媒体，扩大主流价值影响力版图，让党的声音传得更开、传得更广、传得更深入。其次，全媒体传播要在法治轨道上运行，对传统媒体和新兴媒体实行一个标准、一体管理。再次，主流媒体要承担正确引导社会舆论的主体责任，准确及时发布新闻消息，为其他合规的媒体提供新闻信息来源，要全面提升技术治网能力和水平，规范数据资源利用，防范大数据等新技术带来的风险。

（三）全媒体发展需要深入开展理论研究和实践探索

党的二十大报告指出，加强全媒体传播体系建设，塑造主流舆论新格局。进入新发展阶段，全媒体纵深发展需要在实践形式、创新手段和传播方式上寻求突破，在全媒体时代做强主流、占据主导，牢牢掌握舆论场上的主动权、话语权，贯彻新的发展理念，构建新的发展格局。要想在多元中立主导、在多样中谋共识、在多变中把方向，更好地发挥舆论压舱石、社会黏合剂、价值风向标的作用，让正能量更强劲、主旋律更高昂，需要深入开展理论研究和实践探索，进一步推动全媒体传播力、引导力、影响力、公信力再上新台阶。

结合湖北省高校众多、学者云集的优势，湖北省网络视听协会联合高校学者和知名文化传媒专家，编写了这套全媒体专业教材。教材包括《全媒体运营教程》《全媒体营销教程》《全媒体信息审核教程》《全媒体动画片基础教程》《网络视听内容创作教程》。

本套全媒体专业教材涉及全媒体运营、视频制作、信息审核、动画片基础、直播带货等内容，教材中列举了经典案例与名师评析，指导高校培养全媒体人才，提升在校大学生的知识水平及实践能力，服务大学生就业创业，服务整个全媒体行业。

陈志义　吴俊超

2023 年 3 月

目 录

第一章 网络视听节目概述 ··· 1
    第一节 网络视听节目的发展历程 ································· 1
    第二节 网络视听节目的界定 ·· 10
    思考题 ·· 19

第二章 网络视听节目的主体与形态 ····································· 20
    第一节 网络视听节目的主体与要素 ································ 20
    第二节 网络视听节目的形态与特征 ································ 26
    思考题 ·· 28

第三章 网络视听节目创作的要求 ·· 29
    第一节 网络视听节目创作者的职业素养 ························· 29
    第二节 网络视听节目的社会责任 ·································· 38
    第三节 传播平台的选择 ··· 41
    思考题 ·· 43

第四章 剧情类网络视听节目的创作 ····································· 44
    第一节 剧情类网络视听节目的分类 ································ 44
    第二节 网络剧的创作 ·· 46
    第三节 网络大电影的创作 ·· 51
    第四节 微电影的创作 ·· 69
    第五节 网络动画片的创作 ·· 86
    思考题 ·· 102

第五章　非剧情类网络视听节目的创作……104

第一节　网络纪录片的创作……104

第二节　网络宣传片的创作……111

第三节　网络公益广告的创作……119

第四节　网络音频节目的创作……130

第五节　网络综艺节目的创作……135

第六节　短视频的创作……141

第七节　网络直播的创作……146

思考题……151

第六章　网络视听节目精品生产策略与保障……152

第一节　网络视听节目精品生产策略……152

第二节　网络视听节目保障机制……163

思考题……167

第七章　网络视听节目管理政策法规……168

第一节　网络视听节目生产传播政策法规解读……168

第二节　网络视听节目从业者的法制教育……175

思考题……178

参考文献……179

后记……188

第一章　网络视听节目概述

【目标】

通过本章的学习，学生应初步了解网络视听节目产生的背景；掌握网络视听节目在不同阶段下的发展特征，能进一步阐明网络视听节目在内容和形式上的变化；熟悉网络视听节目的概念及特点，激发创作网络视听节目的热情；掌握网络视听节目的两大类型——剧情类和非剧情类，为后期学习奠定一定的基础。

第一节　网络视听节目的发展历程

一、网络视听节目产生的背景

2012年，我国网络视听节目进入大众视野并引起了广泛关注。在国家一系列政策措施的支持下，原本处于媒体传播末端的网络视听行业正以前所未有的速度实现高速发展。而作为行业发展的主要载体——网络视听节目之所以能够迅猛发展，并不是偶然的，而是由技术更迭、产业发展和国际环境等方面的时代背景所决定的。

（一）科学技术不断迭代

科学技术的发展和更迭是网络视听节目诞生与发展的先导和基石。网络视听平台将新技术贯穿到平台的创作、分发、播放、变现和交互的各个环节，充分发挥了技术的强大动力。

1. 移动互联网引导资本注入网络视听节目

视听新媒体是资源聚集性产业，不仅传统主流纸媒、电视媒体纷纷试水网络移动客户端，增加受众群体黏性，新媒体平台也通过"两微一端"及HTML5技术搭建起移动社交场域，让视听资源内容与渠道实现无缝对接，视听资源更为集中，传输渠道更为智能，发展潜力更为强劲。

2. 移动通信技术推动视听传播生态发展

与前几代移动通信技术相比，5G技术将提供全新的网络架构，支持峰值10Gbps以上的带宽、毫秒级时延和超高密度连接，满足了行业对网络传输速度的需求。5G技术的快速发展将拓宽新媒体信息传播的应用场景，并以用户场景为核心不断创新信息的组织形式、传播模式和内容形态。

3. 人工智能、大数据、区块链、算法成热词

前沿技术在视频领域的运用更加普及，ABC（AI、big data、cloud）领域的快速发展，显示出从传统互联网到移动互联网再到智能互联网的互联网发展特征，人工智能、大数据在智能生产、流量预测、会员流失预警、广告精准投放等领域的应用进一步加大。区块链应用于媒体信源追踪、UGC（用户生成内容）审核、数字版权保护等方面，将推动内容生产的社会多元化，形成用户、内容生产者、媒体平台三方共享的商业模式。同时，在新的视听产品制播流程中，算法将会发挥重大作用，影响出资方的投资逻辑，影响内容创作决策。

（二）产业发展势头强劲

基于互联网平台的开放性、互动性、即时性的先天优势，受益于相对宽松的政策环境，网络视听产业迅速崛起并持续迸发活力。

1. 用户和市场规模持续扩大

中国网络视频用户规模这两年增速很快，数据始终处于变化之中。网络视听产业市场规模超过2000亿元人民币，其中在线视频市场规模越来越大。这些都可以说明，网络视听已经成为经济发展的新动能。几大头部视频平台均被纳入国内外上市企业体系，资本的力量在推动产业竞争中的作用举足轻重。

2. 内容创作质量提升

随着各类文化资源的数字化、视听化、集聚化进程不断加速，媒介、资源、要素等得到整合，丰富的网络视听得到有效呈现，纵向打通了视听内容生产链条。超高清视频、虚拟现实等新型信息产品打通了科创、文创作品向现实生产力转化的通道，为不同受众提供更高质量的服务，新型消费应运而生，更好满足人民群众精神文化新需要。

3. 付费商业模式常态化

移动互联网时代，在线视频行业步入快车道，视频网站付费模式被广泛接受，会员制的独家体验成为网站盈利的重要方式，"内容＋平台＋应用＋终端"的付费模式逐渐明晰。总体上看，网络视听付费用户规模大幅扩大，占市场份额比重较大的视频网站付费会员数量已经过亿，中国视频付费市场进入"亿级"会员时代。

4. 媒体融合向纵深推进

在媒体深度融合的大背景下，互联网重构了媒体的新生态，传统广播电视与网络视听产业的界线日渐消融。广播电视与网络视听在内容生产制作、节目资源、市场业务、生产主体、体制机制、政策管理等方面的深度融合，超高清视频等相关行业的深度应用及联合创新，将成为大视听产业发展的新常态。

5. "走出去"开辟广阔市场

全球范围内对在线视频的需求持续升温，随着文化"走出去"的步伐不断加大，越来越多的中国网络视听内容在东南亚、欧美等地区落地，有些内容不仅进入了欧美主流传播平台，还实现了节目模式输出。

（三）国际市场方兴未艾

国际网络视听产业蓬勃发展，成为全球数字经济重要引擎。当前5G网络、数据中心等新基建加快推进，新一代信息技术不断创新，推动网络视听产业持续高速增长。

1. 在线视听消费不断升级

网络信息内容消费习惯从图文的形式向音、视频形式转变明显。互联网公司思科指出，2021年的视频流量在全球移动流量中占到78%。

2. 网络视听国际市场竞争不断加剧

全球各大网络平台不断加快布局，行业领跑者加大内容投入、开拓国际市场，老牌公司也分别推出新的流媒体服务，市场竞争愈发激烈。数据公司Statista预测，到2024年，奈飞用户数量将占全球SVOD（订阅型视频点播）订阅总数的23%，而亚马逊Prime Video占13%，Disney占8%，Apple TV占1%。

3. 全球在线视频订阅用户首次超过有线电视

在线视频平台、网络视频的不断兴起，对传统的电视节目产生了很大影响，也导致一些电视观众流失。数据公司Grabyo 2020年的调研显示，大约四分之三的全球视频用户计划在未来5年内停止付费电视服务，而转向选择流媒体服务。

4. 媒体融合态势不断增强

当前，视听内容服务的行业壁垒日渐被打破，市场参与者增多。为了获取竞争优势，产业纵横联合频繁，新媒体与传统媒体服务互相交融，网络视听正在与新的信息技术深度融合，与文化深度融合，与旅游深度融合，与实体经济深度融合，行业边界日趋消失，产业链整合加剧，向平行广度与垂直深度拓展。

二、网络视听节目的发展

二十世纪八九十年代，中国已有互联网接入，民众普遍通过拨号上网的方式获取资讯。网络视频伴随着互联网的运用开始流行，然而系统的网络视听节目主要伴随着视频网站的崛起而产生，网络视听节目的发展主要分为以下三个阶段。

（一）第一阶段（2004至2006年）：电视节目搬上网络

2004年11月，我国第一家专业视频网站——乐视网正式上线。其主营业务为影视剧发行，定位为以影视剧发行为主的长视频网站。

2005年2月15日，美国著名的视频网站YouTube成立，其以视频分享服务作为定位，宣扬"broadcast yourself"（表现你自己）并受到美国网络民众追捧，迅速发展为影响力甚广的视频网站，其发展模式广为中国视频网站所借鉴。

2005至2006年，土豆网、56网、PPTV、PPS网络电视、搜狐播客、酷6网、优酷网等视频网站相继出现，我国的视频网站发展从此初具规模。作为视频网站群体的主要成员，以上视频网站在成立之初即明确了各自的发展重点：土豆网、56网、搜狐播客主要定位为视频分享网站，视频内容以用户上传为主；PPS网络电视、PPTV则运用P2P技术（peer-to-peer，即点对点播放技术）定位为网络电视客户端；酷6网聚焦用户生成内容（UGC）模式，内容涵盖专业影视节目及自拍网播剧等，为用户提供多种观看选择；优酷网借鉴YouTube的视频分享模式，秉持"快者为王"产品理念，打造"快速播放、快速发布、快速搜索"的产品特性。中国主要视频网站见表1-1。

表1-1 中国主要视频网站

序号	名称	上线时间	主营业务
1	乐视网	2004年	影视剧发行
2	土豆网	2005年	视频分享
3	56网	2005年	视频分享
4	PPTV	2005年	网络电视客户端
5	PPS网络电视	2005年	网络电视客户端
6	搜狐播客	2006年	视频分享
7	酷6网	2006年	影视剧
8	优酷网	2006年	视频分享

以上各大视频网站的发展侧重点虽然不同，但不管是采用视频分享模式还是作为网络电视客户端，其主营视频内容依然基于各大电视频道，用户可点播电视剧、综艺节目、新闻节目等。

在此阶段，网络视听节目主要移植于电视节目，对视频内容进行拆条、二次加工后于电脑端播放。借助电脑网络的即时性、传播速度快、受众年轻化等特点，电视节目得以扩大受众群体，焕发二次生命力。

（二）第二阶段（2007 至 2013 年）：网络视听节目大众化

随着互联网的快速发展，各类网络视频平台如雨后春笋般涌现出来，如暴风影音、芒果 TV、爱奇艺、腾讯视频等。通过互联网下载或在线观看视听节目，成为当时公众新的、普遍的娱乐方式，成为上网用户使用最多的服务之一。以网络音乐和网络视频为例，中国互联网络信息中心（CNNIC）发布的《中国互联网络发展状况调查统计报告》显示，中国网民规模越来越大，互联网用户比例由 2007 年的约 10% 增长到 2013 年的约 40%。2007 年 1 月份第 19 次统计中，有 36.3% 的人通过互联网进行在线影视收看及下载活动，而 2013 年 7 月第 32 次统计中的网络视频观看人数占网民总人数的 65.8%。中国网络应用使用率和用户规模见表 1-2。

表 1-2　中国网络应用使用率和用户规模

调查统计报告时间及次数	网络应用	比例	网民规模	中国总人口数
2007 年 1 月第 19 次	在线影视收看及下载	36.3%	1.37 亿	13.21 亿
2007 年 7 月第 20 次	网络音乐 网络影视	68.5% 61.1%	1.62 亿	
2008 年 1 月第 21 次	网络音乐（收听/下载） 网络影视（观看/下载）	86.6%/71.2% 76.9%/40.5%	2.1 亿	13.28 亿
2008 年 7 月第 22 次	网络音乐 网络视频	84.5% 71%	2.53 亿	
2009 年 1 月第 23 次	网络音乐 网络视频	83.7% 67.7%	2.98 亿	13.35 亿
2009 年 7 月第 24 次	网络音乐 网络视频	85.5% 65.8%	3.38 亿	
2010 年 1 月第 25 次	网络音乐 网络视频	83.5% 62.6%	3.84 亿	13.41 亿
2010 年 7 月第 26 次	网络视频	63.2%	4.2 亿	
2011 年 1 月第 27 次	网络视频	62.1%	4.57 亿	13.49 亿
2011 年 7 月第 28 次	网络视频	62.1%	4.85 亿	

续表

调查统计报告时间及次数	网络应用	比例	网民规模	中国总人口数
2012年1月第29次	网络视频	63.4%	5.13亿	13.59亿
2012年7月第30次	网络视频	65.1%	5.38亿	
2013年1月第31次	网络视频	65.9%	5.64亿	13.67亿
2013年7月第32次	网络视频	65.8%	5.91亿	

2007年8月8日，正值北京奥运会倒计时一周年，优酷网借此契机正式揭幕"优酷狂拍客！中国一日24小时主题接力"主题活动。优酷网在视频行业首次提出"拍客无处不在"理念，提倡每个人都是拍客，通过参与活动的拍客达人们的精彩演绎，充分彰显"拍客视频时代"的标签内涵，借助一个个鲜活的视频生动诠释生活的意义。此类活动也推动了网络视听节目草根化、大众化，为更多人所接受。

这一阶段，随着摄像机的小型化，数码摄像机在家庭普及，越来越多的人化身为拍客，将所摄制的视频上传至网络平台。民众由网络视听节目的观看者转换为主动制作者、参与者，这使得网络视听节目的受众群体进一步扩大，网络视听节目内容更接地气。

（三）第三阶段（2014年至今）：网络视听节目碎片化

网络通信技术的发展催生了智能手机的迅速普及，2013年底，TD-LTE牌照花落三大网络运营商，开启4G网络商用时代。2014年始，中国手机军团全面复兴，在4G时代实现弯道超车，海内外市场占有率显著提高。智能移动终端如4G智能手机、平板电脑等的广泛运用，使得网络视听节目更加深入大众生活。2021年5G通信技术落地推广、5G手机及智能可视设备等智能设备推行、多样化音视频平台并存、网络直播风靡、短视频火爆等，都使得人们可以通过各种移动终端实现移动观影模式，网络视听节目呈现数量海量化、内容碎片化特点。

根据中国网络视听节目服务协会发布的《2021中国网络视听发展研究报告》，截至2020年12月，我国网络视听用户规模达9.44亿，网民使用率为95.4%。各个细分领域中，短视频用户使用率最高，为88.3%，用户规模达8.73亿，综合视频的用户使用率为71.1%，用户规模达7.04亿；网络直播的使用率为62.4%，用户规模达6.17亿；网络音频的用户使用率略低，为28.6%，用户规模达2.82亿，如图1-1所示。

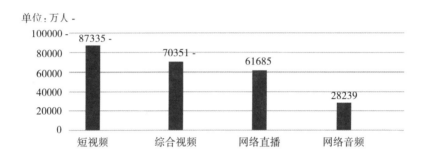

图1-1 网络视听细分应用用户规模

短视频、网络直播的风靡使得网络视听节目用户使用总时长增加，但使用时段呈现明显的碎片化分布。Quest Mobile调查结果和中国网络视听节目服务协会发布的《2021中国网络视听发展研究报告》显示，截至2020年12月，移动互联网人均单日使用时长为384分钟，保持持续增长趋势；截至2021年3月，移动互联网人均单日使用时长为380分钟，较2020年底略有下降。截至2020年12月，短视频人均单日使用时长超过2小时，占移动互联网人均单日使用时长的33%左右。综合视频人均单日使用时长呈稳中略降趋势，截至2020年12月，人均单日使用时长为97分钟；短视频人均单日使用时长稳步提升，截至2020年12月，人均单日使用时长为120分钟，到2021年3月，增至125分钟；网络音频、网络直播的人均单日使用时长在60分钟左右，相对稳定。总体而言，网络视听节目用户人均单日使用时长呈增长趋势，如图1-2所示。

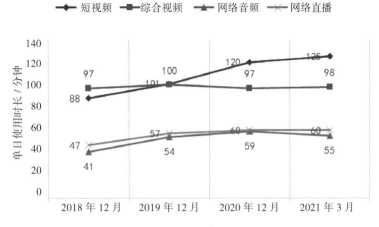

图 1-2 网络视听节目用户人均单日使用时长

网络视听节目用户的使用时段呈现明显的碎片化分布，但又呈现一定的集中趋势。根据《2021 中国网络视听发展研究报告》，2020 年网络视听节目用户使用时段分布较为均匀，使用高峰主要集中在"路上时间"和"休闲时间"。各网络视听细分应用的用户使用时段分布曲线较为接近，一般在 12:00—13:00 达到一个小高潮，之后逐渐回落，在 17:00 左右又开始回升，20:00—22:00 达到使用峰值。由此可见，网络视听用户利用上下班路上的时间摄取碎片化视听信息，在中午和晚上的休闲时间段收看网络视听节目，其他时间段则呈现更加碎片化的信息摄取状态。如图 1-3 所示。

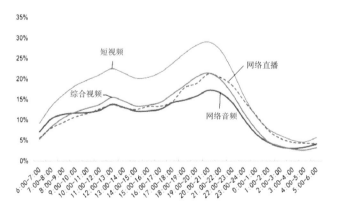

图 1-3 网络视听节目用户使用时段分布

总的来说，网络视听节目的发展在不同阶段呈现不同趋势和特点，其发展受生产力发展水平、科学技术水平，尤其是信息通信技术水平的制约。随着科技发展进步，网络视听节目从移植于电视节目到成为人们表达的工具，网络视听节目用户实现了从"看客"到"拍客"的身份转换，网络视听节目随着网络视听平台的增多，其数量种类不胜枚举，海量化、碎片化信息充斥网络，网络视听节目用户在其中消耗的时间与日俱增，这一切无不彰显了网络视听节目摧枯拉朽般的强健生命力。

第二节　网络视听节目的界定

一、网络视听节目的概念

网络视听节目是指通过互联网向公众提供的音、视频节目。广义上，网络视听节目包括网络剧、网络电影、网络综艺等多元文艺形式；狭义上，网络视听节目主要指网络平台自制的并在网络平台播出的视听节目，或先在网络平台播出，再在电视平台播出的视听节目。

二、网络视听节目的特点

随着时代的发展和科技的进步，网络视听节目也与时俱进，表现出灵活性、分众性和互动性的特点。

（一）灵活性

网络视听节目的灵活性主要体现在节目本身的内容与特质，如节目由来、节目展示内容、节目自身风格、节目播放时长等都可以跟随社会热点等进行即时调整。

不同于传统的广播电视节目，网络视听节目的总体风格趋向活泼，节目内容可根据社会热点实时调整。网络视听节目来源也具有灵活性，表现在以前不涉及视听业务的媒体机构，积极介入视听内容生产，主要的视频网站积极进行个性化原创内容的生产，而网络用户也成为网络视听内容的重要来源，这使得网络视听内容非常具有活力。

（二）分众性

面对内容众多的网络视听节目市场，观众在选择节目内容时存在较明显的偏好，即网络视听节目具有分众性。以网络直播为例，根据第48次《中国互联网络发展状况统计报告》，截至2021年6月，我国网络直播用户规模达6.38亿，同比增长7539万，占网民整体的63.1%。其中，电商直播用户规模为3.84亿，同比增长7524万，占网民整体的38.0%；游戏直播的用户规模为2.64亿，同比减少452万，占网民整体的26.2%；真人秀直播的用户规模为1.77亿，同比减少875万，占网民整体的17.6%；演唱会直播的用户规模为1.30亿，同比增长896万，占网民整体的12.8%；体育直播的用户规模为2.46亿，同比增长5305万，占网民整体的24.4%。

可见，在内容选择上，观众的需求呈现多样化，因此催生了多种多样的网络视听节目。

（三）互动性

网络视听节目能够繁荣发展，在很大程度上有赖于其存在互动性特征。

首先，节目普遍具有互动功能。网络视听节目生产者开辟各种互动渠道，实现与受众的互动，同时在与受众的互动中即时收集受众的反馈意见，改进内容生产品质。

其次，交互方式具有多元性。各种互动方式的使用极大地便利了受众参与到节目中，如受众可以采用发弹幕，分享节目到微信、微博等方式，与其他受众进行沟通与交流。

基于我国庞大的人口基数，网络视听节目的互动性特点推动着网络视听节目市场蒸蒸日上，可以说互动性是网络视听节目市场的血液和发展源动力。

三、网络视听节目的分类

根据不同的分类标准,可将网络视听节目分为不同的类型。本书以内容性质为分类标准,将网络视听节目分为剧情类和非剧情类两大类。

剧情类包括网络剧(含网络广播剧)、网络大电影、网络微电影、网络动画片等。

非剧情类包括网络纪录片、网络形象宣传片、网络公益广告、网络音频节目、网络综艺(含微综艺)、短视频、网络视听栏目(系列节目)、网络直播等。

网络视听节目分类如图1-4所示。

图1-4 网络视听节目分类

(一)剧情类

1. 网络剧(含网络广播剧)

网络剧是随着互联网产生,以网络为播映平台的演剧形式。根据业界具体发展状况,网络剧可以分为网络电视剧和网络广播剧。

网络电视剧是指通过网络平台播出的,专门为网民定制的一类剧种,投资拍摄网络电视剧的主体包括专业机构及个人。网络电视剧的内容大都改编自网络文学作品,制作成本一般较低,一集故事时长从几分钟到几十分钟不等,题材类型多样。

网络广播剧实际上是一种从策划、制作到推广等各个环节都在网络上进行的广播剧新形式。网络广播剧制作主体来源广泛，包括广播剧爱好者或专业配音演员等。

总体上说，网络剧市场正在兴起，作品数量和质量在不断提升。2017—2020年中国网络剧上线数量如图1-5所示。

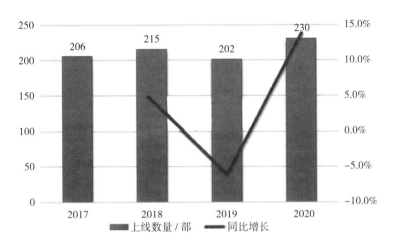

图1-5 2017—2020年中国网络剧上线数量

2. 网络电影

网络电影是以网络传播为媒介的叙事性动态视听艺术作品，具有入行门槛低、制作周期短和投资风险小等特点，可以分为网络大电影和网络微电影两类。在2011年之前，网络电影没有一个明确的界定。

从2013年开始，接近传统电影概念的网络大电影得到业界关注；在2014—2016年，网络大电影发展迅猛，其盈利能力增强，但内容格调普遍不高；2016年以后，网络电影行业经历洗牌，之后开始向院线电影靠拢，注重作品质量；发展至今，网络电影已经从过去的低成本、小制作发展为专业化、精品化的模式。

3. 网络动画片

网络动画片是指根据互联网特点制作，以互联网为主要发行和传播渠道的动画作品。网络动画题材丰富，一集时间不长，多为单线叙事，一般以青少年为主要观看对象，因此滑稽、搞笑、无厘头是网络动画的常态，其内容上充满了想象力，画面上追求奇特的视觉体验。

早期的网络动画制作手段比较简单，大都没有完整的故事情节。随着视频网站的兴起，不少制作较为精良的网络动画作品涌现出来，至此网络动画产业开始发展壮大。随着有关部门对动画产业政策的调整，制作者们在网络动画与中国传统文化的融合方面进行了积极探索，现在无论是在数量上还是在质量上，网络动画都有了很大突破。

2020年中国国产动画片上新数量达114部，较2019年增加了10部，同比增长9.6%。2020年《斗罗大陆》《全职高手》等优质国漫内容涌现，国产动漫成人市场呈现新气象。2016—2020年中国国产动画片上新数量如图1-6所示。

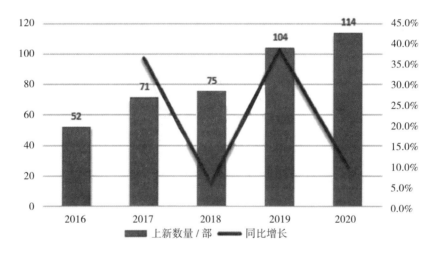

图1-6　2016—2020年中国国产动画片上线数量

（二）非剧情类

1. 网络纪录片

网络纪录片是适合新媒体制作和发行方式，专供新媒体平台（网页、手机、移动数字终端、触媒等）宣传和播出的纪录片样式。网络纪录片每集内容相对独立，大都不超过10分钟，制作题材广泛，叙事方式多样化，创作形式个性化。从播出现状来看，网络纪录片主要来源于网络平台购买国内外纪录片的播放版权和网络原创纪录片。

在内容选择上，网络纪录片的题材更加垂直细分。以美食类纪录片为例，区别于《舌尖上的中国》《风味人间》这类介绍世界各地美食的选题，网络美食类纪录片倾向于选取更小的内容切口，如《早餐中国》《日出之食》聚焦中国人的早餐，《人生如沸》更是将范围缩小到火锅上。这些更接地气的内容拓宽了美食类纪录片的边界。

在叙事语态上，网络纪录片大多采用故事化的叙事方式，如《风云战国之列国》以史实为核心，配以王劲松等演员的演绎，把晦涩的历史铺陈为生动鲜活的历史故事。同时，在历史事件的阐释上，也不再是史料回顾加旁白，而是结合了说唱、脱口秀、戏剧等元素，一改传统纪录片的宣教风格。

同时，真人秀节目也开始更多地使用纪录片的手法。如《守护解放西》《宠物医院》等采用了纪录片与真人秀相结合的方式，在真实记录的基础上，利用后期剪辑等手段对纪实内容进行加工，使比较静态的纪录片更加生动，贴合新媒体受众的欣赏习惯。

近两年，纪录片在互联网端逐渐被"器重"的背后是平台投入的增加。《中国纪录片发展研究报告2019》显示：2018年，腾讯视频、优酷、bilibili、爱奇艺等四家互联网平台对纪实内容的投入约11亿元，同比增长83%。有了更多预算的网络纪录片也更有底气探索更广阔的领域，产出更具质感的内容。

2. 网络形象宣传片

网络形象宣传片是宣传片中的一个类型，它将视频、文字、图像、动画、音乐、音效等资源进行高效整合，以图文并茂、影音互动的形式表现出来，极具视觉冲击力，能给人留下深刻的印象，极大地改变了人们获取信息的传统方法。

网络形象宣传片又分为国家形象宣传片、地方形象宣传片、企业形象宣传片、品牌形象宣传片等。

3. 网络公益广告

公益广告的概念存在多种说法。比如，科学普及出版社1993年出版的《中外广告大观》中将公益广告定义为"为公众切身利益服务的广告"。四川大学出版社 1996 年出版的《中国广告词典》中提出："公益广告是为社会公众制作发布的，不以营利为目的，它通过某种观念的传达，呼吁公众关注社会性问题，以合乎社会公益的准则去规范自己的行为，支持或倡导某种社会事业和社会风尚。"朝阳堂文化事业股份有限公司 1996 出版的《现代广告词典》中指出："公益广告是企业及各社会团体诉求公共服务内容的广告。公益广告机构从事的范围相当广泛，举凡社会、福祉、教育甚至谋求国际间相互了解的活动都囊括在内。"一般来说，公益广告是指不以营利为目的，而为社会提供服务的广告，具有社会的效益性、主题的现实性和表现的号召性三大特点。

按广告发布者的身份分类，公益广告可分为三种：第一种是媒体（如电视台、报纸等）直接制作发布的公益广告，比如中央电视台就经常发布公益广告，这是媒体的政治、社会责任；第二种是社会专门机构发布的公益广告，比如联合国教科文组织、联合国儿童基金会（UNICEF）、世界卫生组织、国际野生动物保护组织分别发布过以"保护文化遗产""儿童有受教育权利""不要歧视艾滋病人""保护珍稀动物"等为主题的公益广告，这类公益广告大多与发布者的职能有关；第三种是企业发布制作的公益广告，比如波音公司曾发布过《使人们欢聚一堂》，爱立信公司发布过《关怀来自沟通》等，企业不仅做了善事，也确立了自己的社会公益形象。

按广告载体分类，公益广告可分为媒体公益广告（如刊播在电视、报纸上的公益广告）和户外公益广告（如车站、巴士、路牌上面的公益广告）。按广告题材分类，公益广告可分为政治政策类（如改革开放 20 周年、迎接建国 50 周年、科技兴国、推进民主和法制、扶贫等）、节日类（如"劳动节""教师节""重阳节""植树节"等）、社会文明类（如保护环境、节约用水、节能减排、关爱残疾人等）、健康类（如反吸烟、全民健身、爱眼等）和社会焦点类（如下岗、打假、扫黄打非、反毒、希望工程等）。

网络公益广告是指通过网络传播的公益广告。

4. 网络音频节目

网络音频节目指通过网络传播和收听的所有音频媒介内容。目前国内网络音频节目主要包括播客、有声书（广播剧）、音频直播以及网络电台等形式。

播客是围绕某一主题或话题，由单集音频文件构成并实时更新的音频节目。用户在订阅某一节目后，能够自动接收或下载该节目最新发布的音频文件。

有声书（广播剧）是一个人或者多个人依据文稿或书籍，借助不同声音素材制作的音频产品。

音频直播指通过网络流媒体技术，个人或多人仅以音频媒介进行信息传递的实时直播方式。

网络电台指通过网络流媒体技术实现传统调频广播电台的实时播放。组织形式既可以是传统的调频广播电台，还可以是在线音频内容聚合而成的实时播放列表。

5. 网络综艺（含微综艺）

网络综艺指只在网络平台播出的综艺节目。2020年中国网络综艺节目上新数量达212档，较2019年增加了70档，同比增长49.3%；疫情期间上线16档云录制综艺，节目品质整体向好，题材更加细分，覆盖更多受众。2015—2020年中国网络综艺节目上新数量如图1-7所示。

图1-7　2015—2020年中国网络综艺节目上新数量

腾讯视频、芒果TV占据网络综艺节目半壁江山。2020年，腾讯视频占中国上线网络综艺节目平台市场的36.8%，占比最大；芒果TV占中国上线网络综艺节目平台市场的19.3%；优酷网占中国上线网络综艺节目平台市场的

17.5%；爱奇艺占中国上线网络综艺节目平台市场的15.1%；哔哩哔哩网站占中国上线网络综艺节目平台市场的5.2%。2020年中国上线网络综艺节目平台分布如图1-8所示。

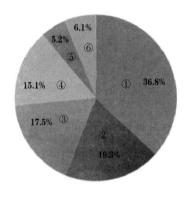

①腾讯视频 ②芒果TV ③优酷 ④爱奇艺 ⑤哔哩哔哩 ⑥其他

图1-8　2020年中国上线网络综艺节目平台分布

6. 短视频

短视频指在各种新媒体平台上播放的、适合在移动状态和短时休闲状态下观看的、高频推送的视频内容，内容几秒到几分钟不等。其内容融合了技能分享、幽默搞怪、时尚潮流、社会热点、街头采访、公益教育、广告创意、商业定制等主题。由于内容较短，短视频可以单独成片，也可以成为系列栏目。典型的短视频APP有抖音、快手等。

2020年10月13日，第八届中国网络视听大会于成都召开，中国网络视听节目服务协会在会上发布了《2020中国网络视听发展研究报告》（以下简称《报告》）。《报告》指出，2019年中国网络视听产业的市场规模已达4541.3亿元，由短视频、综合视频、网络直播、网络音频等6大板块构成，其中短视频和网络直播板块的增速最快，分别同比增长178.8%和63.4%。

7. 网络视听栏目（系列节目）

网络视听栏目也称为系列节目，涵盖以上各种类型的视听节目，其特点是成为一个体系，对主题有相对较高的要求，节目需要围绕一个主题开展系列节目。

8. 网络直播

网络直播大致分为两类：一类是在网上提供电视信号的观看，例如各类体育比赛和文艺活动的直播，这类直播原理是将电视（模拟）信号通过采集，转换为数字信号输入电脑，实时上传至网站供人观看，相当于"网络电视"；另一类是人们所了解的"网络直播"，在现场架设独立的信号采集设备（音频+视频）导入导播端（导播设备或平台），再通过网络上传至服务器，发布网址供人观看。

思考题

一、为什么中国网络视听节目能实现迅猛发展？

二、中国网络视听节目产业发展势头强劲表现在哪些方面？

三、网络视听节目的发展经历了哪几个阶段？

四、2014年至今，网络视听节目呈现出碎片化特征，表现在哪些方面？

五、什么是网络视听节目？

六、网络视听节目有哪些特点？

七、举例说明网络视听节目可以分成哪些类型。

八、网络纪录片在播出现状、内容选择、叙事语态等方面，各呈现哪些特征？

九、什么是网络公益广告？

十、网络音频节目有哪些实现形式？

第二章 网络视听节目的主体与形态

【目标】

通过本章的学习，学生应了解网络视听节目的创作主体与传播主体，掌握网络视听节目的主要表现形态，为更加深入地了解网络视听节目的成型过程，正确地把握网络视听节目的方向定位打下基础。

第一节 网络视听节目的主体与要素

网络视听节目作为一种通过互联网媒介传播的视音频节目，其节目本身的构成要素比较复杂，一档完整的节目需要有专人进行设计与制作。同时，互联网平台的即时性、海量性和互动性等特征对网络视听节目的呈现与维护提出了特定要求。因此，网络视听节目的发展离不开创作主体和传播主体的共同努力，以及对节目中的视频、音频、音效、图文、包装制作等要素的把握。

一、网络视听节目的主体

传统视听作品的制作过程非常复杂，就算是一部短片的制作，也是一个复杂的过程，由此也涉及很多主体。比如大家常看的电影，其开始部分的片头字幕、结束部分的片尾字幕是电影作品的重要组成部分，其他视听作品亦是如此。片尾字幕一般是一个很长的名单，包括投资人、制片人、出品人、导演、艺术导演、编剧、原作者与改编者、词作者与曲作者、摄影师、演员、其他的表演者（如歌手、舞者、指挥、乐师、杂技演员、演奏者）、场景设计者、电影架构师、译者（字幕和译制片的对白）、配音演员、图形设计者（开头或结尾的图形设计）、录音师、编辑和混音师、选角导演、采景师。

在实践中，电影的字幕名单更加复杂，甚至司机、后期剪辑和制作人、后勤人员都在名单之列。而在电影、电视之外，网络视听作品的制作和发行已经发生重大变化，但也离不开下述这些创作主体和传播主体。

（一）创作主体

1. 投资人

投资人是指专业为网络视听作品的整个制作和发行过程出资金的人（包括自然人和法人）。资金对网络视听作品的完成至关重要，投资人看重的是作品的经济价值。通过与实际创作者之间的合约获得经济补偿是一种合作方式；另外一种方式是网络视听作品的版权直接归投资人所有，由投资人掌握作品的所有权，投资人在后续的交易行为中收取回报并获取利润。

现代网络视听作品的投资人主体较为复杂，既有法人主体投资人，也有自然人主体投资人；既有不享有网络视听作品版权所有权的投资人，也有享有网络视听作品版权所有权的投资人；既有单独的投资人，也有多家一体的投资人，也就是所谓的联合制片、联合摄制等。他们是法律上的制片者。

2. 制片者

制片者是指为拍摄、制作网络视听作品，出资和聘请专业人员，从事网络视听作品的立项、拍摄、发行等工作，并对网络视听作品承担法律责任的人（包括自然人和法人）。制片者一般是法人或者组织，也包括自然人。在传统意义上，假如一种角色与制片者有某种联系，那么这个角色就是筹款人。

制片者最重要的工作就是为作品制作筹措资金，如果没有足够的资金，一切创作无从谈起。即使是个人进行拍摄，也仍然需要购买磁带、雇佣专业人员、租用摄影和编辑设备完成作品。制片者的核心工作是筹措资金，处理与各合作方的关系，同时需要与导演配合完成网络视听作品的制作和发行等工作，对内和对外承担法律责任。制片者被视为网络视听作品的法律作者，具有作品的版权。

3. 导演

导演是指具备专业网络视听节目知识和经验，协助制片者或者独立完成网络视听作品制作的人，一般只能是自然人。导演是网络视听作品的总设计师、总指挥、总领队、总协调。导演在网络视听作品的制作中居于核心地位，编剧谱写剧本完成作品的创作，而导演运用摄像机完成创作。作者权体系国家多认为导演是视听作品的合作作者，享有作品的部分著作权。

4. 编剧

编剧是指把文学作品（一般是小说）改编成剧本，使文学作品适合拍摄和便于拍摄的专业人员。"文学作品"包括很多作品形式，而不单单是"文字"形式体现的作品。编剧的工作是网络视听作品拍摄中不可或缺的，是作品成功的基础和关键。

实践中，有聘请编剧创作的形式，编剧与制片者之间是雇佣关系，适用"职务作品"的归属原则；也有委托编剧创作的形式，编剧与制片者之间属于独立合同关系，适用"委托作品"的归属原则，一般通过合同约定剧本的著作权归委托方所有。我国一般把编剧作为网络视听作品的作者，但只享有署名权和获得报酬的权利等。

5. 演员

演员是指以自身的专业表演技能和特长接受导演指令和要求，将剧本的内容表演和展现出来，使其适合观赏的专业人员，也被称为表演者。我国作为作者权体系国家，演员的权利适用"邻接权"保护，保护表演者的相关权利。但演员在作品中的法律地位明显比作者的法律地位要低，因此保护力度明显较弱。

6. 词作者与曲作者

词作者与曲作者是指以自己的音乐专长，为网络视听作品配词、配曲的专业人员。多数网络视听作品有配词或者配曲人员，他们的智力成果融入了作品当中，对作品的完成功不可没。我国一般把词作者与曲作者作为网络视听作品的合作作者对待，认为其享有作品的部分著作权。

7. 摄影师

摄影师是指在网络视听作品制作过程中接受导演的指令，以自己的专业摄影技能完成作品拍摄任务的人。现代著作权法一般对摄影作品予以保护，摄影者是摄影作品的作者，享有著作权。视听作品的摄影更具有专业性，但是一般不承认摄影师在视听作品中的法律地位，只有个别国家（如中国）把摄影师作为视听作品的合作作者。

网络视听作品中，还有一些非常重要的参与者，如场记、剪辑师、灯光师、化妆师、道具师等，这些人员一般被作为辅助人员对待，不享有网络视听作品的著作权。

（二）传播主体

与网络视听节目的制作过程一样，其传播过程也有相应的主体。对于剧情类的网络视听节目（如网络剧、网络电影）来说，其传播主体主要是贯穿整个节目的演员，他们通过有声或无声的语言，向大众呈现整个作品所要描述的事件，传递情感态度与价值观。而对于非剧情的节目（如网络音频节目、网络综艺）来说，其传播主体主要为播音员及主持人。

1. 播音员

根据《中国播音学》中的定义，播音员（或称播报员）是用有声语言及副语言上镜出声，驾驭节目进程的人。

从传播形式来看，播音员采用的是以传播者为中心，居高临下的单向传播方式；从工作职责来看，播音员是在演播厅"照本宣科"，以记者、编辑所写的稿件为依据，融合个人的思想修养、文化修养、播音艺术修养对稿件进行分析、理解和感受，然后运用正确的语调、语气、音色、节奏、重音、停连等语言技巧对有声语言进行再创作；从角色定位来看，不管在哪类节目中，播音员或是以党和政府的代言人的身份，或是以节目代表的身份出现在屏幕上，然后向观众宣读国家的政令法规，或者转述记者的所见、所闻、所感。

因此播音员既不是以个人的身份出现，也不是以稿件作者的身份出现，而是以一个党和政府的宣传员的身份出现，有时甚至代表党和国家权力机关播音。播音员在播音时要从容不迫，寄激情于平静之中，具有冷静、客观、忠实、充满自信的特点。

2. 主持人

主持人应具有采、编、播、控等多种业务能力，在一个相对固定的节目中，作为主持者和播出者，集编辑、记者、播音员于一身。在网络视听节目中出场为听众、观众主持固定节目的人，叫作节目主持人。

从传播形式来看，主持人是一种服务于受众，与受众地位平等，注重交流、沟通，具有鲜明个性特征的传播形态。从工作职责来看，主持人是以"一对一"的主持方式直接与观众交流，其在节目中处于主导地位，参与节目的编导、策划、拍摄、主持的全过程，贯穿节目的始终，同时对稿件有某种修改权，对节目内容的取舍有决定权，在节目中起着至关重要的作用。从角色定位来看，主持人以第一人称的身份出现在节目中，以"我"为鲜明特征，这个"我"是有个性、有情感的，充满着浓郁的人情味，主持人在节目中展示真实的自我，展现自己的个性与魅力，以"我"的身份向观众讲述自己的所见、所闻、所感。

当然，节目主持人的"我"不同于生活中的"我"，因为每期节目不可能由"我"独立完成。"我"是这个节目集体创造的，是一个由摄像、撰稿和制作等人员组成的集合体，是个性和共性的统一。所以节目主持人要正确处理真"我"和非"我"的关系，使自己与所主持的节目融为一体。

总而言之，主持人和播音员的关系是相辅相成、相互依靠的，你中有我，我中有你，并不是对立的。只有掌握了很好的播音技巧，才能给主持的节目增色添光，也只有在主持节目时处处流露着坦率和真诚，和受众进行面对面的、直接的、平等的、心灵的沟通与交流，才是缩短与受众心理距离的最好途径。不管是主持人还是播音员，都要始终用一颗真诚坦荡的心对待每一位受众，"诚于中必形于外，慧于中必秀于形"。

二、网络视听节目的要素

网络视听节目的构成十分复杂，其包含的因素也多种多样。了解网络视听节目的基本要素及其在节目制作过程中的运用方法，有利于我们为创作网络视听节目打好扎实的基础。网络视听节目的要素主要包括视频、音频、音效、图文和包装制作。

第二章 网络视听节目的主体与形态

（一）视频

视频泛指将一系列静态影像以电信号的方式加以捕捉、记录、处理、储存、传送与重现的各种技术。连续的图像变化每秒超过 24 帧（frame）画面以上时，根据视觉暂留原理，人眼无法辨别单幅的静态画面，看上去是平滑连续的视觉效果，这样连续的画面叫作视频。视频技术最早是为了电视系统而发展，但现在已经发展为各种不同的格式，以利于消费者将视频记录下来。网络技术的发达也促使视频的纪录片段以流媒体的形式存在于因特网之上，并可被电脑和手机接收与播放。视频与电影属于不同的技术，后者是利用照相术将动态的影像捕捉为一系列的静态照片。

（二）音频

音频是个专业术语，音频一词已用作一般性描述音频范围内和声音有关的设备及其作用，人类能够听到的所有声音都可称为音频。网络视听节目从字面上就可以分为"视"和"听"这两大基本环节，除了上述视频要素之外，音频也是支撑网络视听节目传递信息的重要载体，是调动受众情绪和情感的工具，是突出节目主题的直接手段。音频的制作对设备的要求较高，制作过程中应注意处理好人物的语言输出，特别是语气、语调等细节需要精细处理。

（三）音效

音效就是指由声音所制造的效果，是指为增强一个场面的真实感、气氛或戏剧信息而加入的效果音。音效包括数字音效、环境音效、MP3 音效（普通音效、专业音效）。音效在网络视听节目中"听"的环节起着重要作用，可以凸显剧情类节目的情节性，发挥非剧情节目的情境性，让受众产生身临其境的真实感。

（四）图文

图文是网络视听节目中直观传达信息的图片和文字载体。图文通过一定形式与音、视频相对应，辅助节目更清晰、更丰富地呈现在大众的视野中。在图文使用过程中，要充分考虑节目的不同类型和风格，以此为依据来选择合适的字幕字体大小等，并选择与节目主体相呼应、与文字信息相匹配的图片。

（五）包装制作

包装制作就是对网络视听节目甚至是网络平台的整体形象进行某种外在形式要素的规范和强化。俗话说"人靠衣装，美靠靓装"，任何人经过一番精心打扮都会增色不少，网络视听节目作为一种备受关注的节目形式，其后期的精心包装更是必不可少。在对网络视听节目进行包装制作的过程中，应注意控制成本，并尽最大可能体现节目本身的特色，不仅要在节目的表现形式上下功夫，更要坚守节目创作的初衷。

第二节 网络视听节目的形态与特征

一、网络视听节目的形态

形态是指事物在一定条件下的表现形式。网络视听节目的形态是指由其基本要素构成的节目模式在不同时空背景下的变化形式。依据网络视听节目的主题风格、价值导向，可以对网络视听节目的形态进行分类。

（一）主题与非主题

网络视听节目在制作之初就会确定节目涉及的领域，有的节目有固定的主题，有的节目则涉及领域较广，这也就是网络视听节目的主题与非主题的形态。比如，《中央广播电视总台主持人大赛》就是以节目的形式围绕主持人的各项能力开展的，还有《中国诗词大会》，也是全程以古诗词为线索，开展闯关活动并进行节目录制，目的就是弘扬中华优秀传统文化。这些都是有固定主题的节目。

另外，有一种网络视听节目（如《奇葩说》）以辩论的形式贯穿全场，辩论涉及的领域有社会热点、家庭婚姻、个人发展等。其主题并不是完全固定的，存在一定的随机性，因此属于非主题形态的节目。

（二）价值导向与科普生活

众所周知，一切由人创造的产物都包含着一定的主观态度，那么网络视听节目也会体现一定的个人意志、社会属性和价值导向。比如，红色电影集中体现了老一辈革命家的大无畏精神，众多网络公益广告也成为弘扬社会主义核心价值观、宣传中华优秀传统文化的阵地。这些节目都具有鲜明的价值导向和时代特征，在维护公序良俗、宣扬社会公平正义等方面起到了一定的引领作用。

同时，有少量网络视听节目以普及科学知识为主要目的，以自然界和科学技术为主要关注对象，通过实地考察、亲身探索等方式，向大众普及自然科学领域的知识。

二、网络视听节目的特征

网络视听节目的特征集中体现为一个"新"字，具体来说有以下四个方面。

（一）新的播出平台

网络传播平台打破了电视媒体的单一性，为视听节目扩大受众群体发挥了积极作用。爱奇艺、腾讯、优酷等商业视频网站与主流媒体同频共振，"两微一端"（微信、微博、客户端）充分挖掘社会热点、时事新闻等传播内容，有效扩大了正面舆论的覆盖面和影响力。

（二）新的技术支持

从网络视听产业的发展历程来看，没有技术就难以发展，没有新技术更谈不上新发展。移动互联网技术、通信技术、人工智能、大数据等技术的不断更新是网络视听节目发展的强大支持力。从一定程度上说，新的技术就是网络视听节目发展壮大的不竭力量之源，没有技术的支持，网络视听节目自身无法进行突破，也难以满足人们日益增长的视听需求。

（三）新的互动方式

网络视听节目面向的是全国甚至全球的大众群体，在如此庞大的受众群体中实现有效、有趣、即时的互动交流，这正是新的互动方式所带来的变化。比如，节目播出中进行微信"摇一摇"抽奖，设置视频弹幕和评论区域等，以上多样的渠道和形式都生动体现了网络视听节目的一大特征——互动性。

（四）新的表现形式

网络视听产业移动化、品质化、生态化进程持续推进，文化消费的影响力持续扩大，网络视听节目不断呈现新的表现形式。

新上线的网络剧题材继续扩展，类型更加丰富，内容更加多元化。网络综艺不断深耕垂直内容，竞相在以年轻受众为主的音乐、美食、科技、游戏等潮流文化领域开疆拓土，其中真人秀类、才艺竞秀类节目热度较高。网络电影在思想性、艺术性方面有明显进步，情感、喜剧题材受到追捧。随着网络平台生态化布局加快推进，视频电商、影游互动、衍生品开发等商业模式层出不穷，推动了网络视听节目表现形式的创新。

思考题

一、网络视听节目创作主体有哪些？

二、导演在网络视听节目创作主体中的地位是什么？

三、剧情类网络视听节目的传播主体有哪些？

四、举例分析非剧情类网络视听节目的传播主体。

五、主持人作为网络视听节目传播主体之一，其工作职责有哪些？

六、主持人和播音员在网络视听节目传播主体中的关系是什么？

七、网络视听节目的要素有哪些？

八、网络视听节目制作过程中科学使用音频会达到什么样的效果？

九、依据网络视听节目的主题风格、价值导向，可以把网络视听节目分成哪些类别？

十、网络视听节目呈现出哪些特征？请举例说明。

第三章　网络视听节目创作的要求

【目标】

通过本章的学习，学生应知道网络视听节目创作者应具备的职业素养，了解网络视听节目的社会责任以及创作者应具备的职业精神与应遵守的道德规范；学会选择优质的传播平台；了解如何参与平台优质作品的创作计划；树立正确的专业思想与学习观，增强自身的职业道德修养与社会责任感。

第一节　网络视听节目创作者的职业素养

一、专业素养

（一）知识储备

知识储备是指知识水平，知识是符合文明方向的，人类对物质世界以及精神世界探索的结果总和。对于网络视听节目的创作者来说，知识储备是其创作灵感的来源，是其创作内容的基础，是其创作过程的支点。

总的来说，网络视听节目的创作者需要掌握人文学科知识、自然学科知识及当代与古代知识。

1. 人文学科知识

网络视听节目的属性决定了创作者必须熟悉人文学科知识，要把人文学科知识作为自己基础知识储备的根本，并在创作过程中信手拈来、熟练运用。人文学科的类别多达几十种,要做到全面精通是不切实际的,但尽量广泛涉猎是做得到的。

人文学科知识作为构成一个社会现实大框架的元素,并决定着社会发展方向及进程的学科或领域的基础知识,是网络视听节目创作者应该重点掌握的。比如,政治、经济、军事、历史、法律、伦理、哲学、艺术、民族等学科或领域的知识,只有自己对这些重点人文学科或领域的相关知识有足够的了解,拥有充足的知识储备,才能准确地反映社会事件的本质,把握时代发展的脉搏。

另外,只有重点人文学科或领域的基础知识储备还是不够的,对于一般的人文学科或领域的相关知识同样需要掌握。比如,语言、文字、文学、宗教、风俗等人文学科或领域的知识,往往影响着网络视听节目的创作质量。

2. 自然学科知识

网络视听节目的创作者不仅要掌握人文学科或领域的基础知识,还要学习自然学科或领域的基础知识作为补充。自然学科的类别也有几十种,如天文、地理、数学、物理、化学、生物、机械、电信、食品、能源、交通、航天、医学、环保等。

如今自然科学迅猛发展,对社会发展和人类生活的影响日益增大,对网络视听节目创作的影响也不断加大。

3. 当代与古代知识

网络视听节目的创作者应熟悉当代知识,了解古代知识。"新近发生的重要事实的报道"也好,"广大群众欲知、应知而未知的重要事实"也好,"新近变动的事实的传布"和"报道或评述最新的重要事实以影响舆论的特殊手段"也好,不论网络视听节目的内容和形式怎么变化,它反映媒体所处时代的社会现象这一特点是不会变化的。

网络视听节目的创作者应当立足于"当代",尽量丰富自己"当代"的人文、自然学科或领域的基础知识储备,并使之在自己的知识储备库中占主导地位。不仅要对当代已有的知识有一个比较全面的了解和掌握,还要认真学习和汲取当代新出现的知识,不断更新自己的基础知识储备,优化自己的知识结构。必要时,甚至需要对某些未知的知识进行初步的探究,以适应特定节目的需求。

从大的方面看，网络视听节目的创作者只有充分认识当代的社会制度、政治体制、道德体系，对当代政府的政策方针、国家的法律法规深入理解，才能顺应时代潮流，维护并推动当代经济社会的全面发展。

立足"当代"，并非完全抛弃历史。历史文化的延续和传承给后人提供了很大的学习和借鉴空间，使得各个时代的历史变得连贯。只掌握当代的知识而不了解近代、古代的知识，对于当代网络视听节目的创作者来说是不够的。当代的知识构成了网络视听节目所需要的基础知识的主干，近代和古代的相关知识则是创作者基础知识储备库的补充，两者有机地结合成一个统一体。

（二）操作技能

操作技能亦称运动技能、动作技能，是指通过学习而形成的合乎法则的操作活动方式。操作技能调节、控制着操作动作的执行，是一种动作经验而非认知经验，同时有别于心智技能，具有物质性、外显性与展开性。网络视听节目创作者的操作技能是在其专业领域的实际操作过程中，经过长期的学习与练习而形成的，大体分为技术操作、设备操作及道具操作三个方面。

1. 技术操作

网络视听节目创作需要的是实践操作能力强的人，尤其是懂得新媒体技术（包括 VR、PR、PS 等）的应用型人才，特别是 VR 人才。全球职场社交平台 LinkedIn（领英）发布的全球 VR 人才供需报告显示，在全球 VR 人才的三大梯队中，代表性的美国、中国、英国的 VR 人才占比分别为 40%、8% 和 2%。在人才需求方面，中国 VR 人才需求量高达 18%，居于全球第二，仅次于美国。

因此，网络视听节目创作者除了掌握基本的采、写、编、评、摄等专业核心技能外，还需要培养各种现代新媒体传播技能，作为专业核心能力的拓展能力。为此，创作者可以根据新媒体技术发展的需要，学习相关的专业课程，如"视听新媒体制作""数码摄影实例应用""三维动画与影视特效""网页设计与制作""虚拟现实技术"等课程。

2. 设备操作

设备操作贯穿于网络视听节目制作的始终，若创作者不熟悉设备甚至不会操作，网络视听节目也就没有承接的载体，无法以较好的效果呈现在大众的视野中。

例如，我们熟悉的网络影视剧所呈现的良好的画面效果，就有赖于创作者在幕后对设备的熟练操作，如摄像机、三脚架、录音机、航拍器、灯光、摇臂、轨道车、后期编辑器、三轴稳定器等，这些设备种类丰富、功能各异，非常考验创作者对设备的把控能力。

3. 道具操作

没有设备出不了节目，没有道具则出不了好节目，道具之于节目正如配菜之于主食，主食没有配菜也可食用，但似乎少了点什么味道。这味道可能是网络综艺中迸发的欢愉气息，可能是网络剧中透露的神秘悬念，也可能是网络大电影中的绚丽色彩，这种种味道都为网络视听节目增添了特别的视听觉效果。

（三）视野格局

1. 全局观

网络视听节目创作者首先要有全局观。文化内容作用于人的精神世界，潜在影响人们认识世界的态度方式乃至生活选择，如果只看重消费行为，而无视消费结果，炮制就会取代匠心，狭隘就会遮蔽全局。

在网络视听行业，内容平台和纯粹强调用户规模的工具型平台并不完全相同。工具型平台强调便捷性、用户体验，需要以此为主要标准不断地提炼、加速和迭代。而内容平台必须把握方向，用好数据和算法，传递主流价值观。

2. 全球观

网络视听节目创作者要有全球观。当下国内视听行业的市场竞争其实是自我成长强大的过程，未来更大的竞争来自海外。中国网络视听行业未来目标一定是全球市场，这需要"引进来"和"走出去"，一方面要利用好国际文娱市场的工业机制，另一方面要利用好中国互联网产业的先发优势，坚持原创是核心竞争力，争取变道超车。

3. 未来观

网络视听节目创作者还要有未来观。用未来的方法解决今天的问题，网络视听绝不是简单地将以往的电视内容搬到网络上，而是以技术创新为支点，为内容产业赋能并创造增量。具体而言就是融合大数据，辅以分析模型和人工智能，在内容生产的每个环节都发挥价值和作用。

因此，网络视听节目要想长远发展，创作者们还需要有更高的视野和更大的格局。

（四）创新精神

创新精神是指要具有能够综合运用已有的知识、信息、技能和方法，提出新方法、新观点的思维能力和进行发明创造、改革、革新的意志、信心、勇气和智慧。创新精神是一个国家和民族发展的不竭动力，也是一个现代人应该具备的素质，特别对于从事网络视听节目的创作者来说，要创作出优秀的节目，创新精神必不可少。

创新精神激发创作者在节目内容和形式上不断突破固有模式。就我们所知道的一些节目而言，其创作者积极探索提高策划立意、优化节目制作和增强品牌特色的方式方法，努力开掘优秀中华民族、民间文化资源，合理吸纳和借鉴世界优秀文化形态、先进制作理念及其制作技术；在吸引观众、好看有趣与传达主流价值观方面找准结合点，紧扣时代脉搏，不断提升节目内在品质，以内容创新为基点，在创新观念、创新形态、创新方法、创新手段等方面下功夫。

创新精神在不同的地域下发挥着不同的作用，这也启示创作者重视现实生活，实现"本土化"创新。从当前网络综艺节目文案创作方式来看，其中有很多节目都是模仿国外的综艺类节目创作出来的，比如《中国好声音》《奔跑吧兄弟》等，让我国的综艺类节目走向了一个高潮。但是复制和模仿终究不是长久之计，因此一定要实现综艺节目文案创作方式的创新，使综艺类节目获得更长远的发展。

因此，要在现实生活中吸取养分，收集创作灵感，将中华民族特有的精神融合到综艺类节目创作中，敢于发出时代之声，促进民族兴旺。比如，中央电视台的《中国成语大会》《中国汉字听写大会》等综艺类节目在弘扬传统文化和汉字文化方面起到了积极的促进作用，这才是我国综艺类节目文案创作的光明之道。

二、人文素养

所谓人文素养，即人文科学的研究能力、知识水平和人文科学体现出来的以人为对象、以人为中心的精神——人的内在品质。由此我们可以看出，对于网络视听节目的创作者来说，其人文素养的灵魂不在于能力，而在于以观众为对象、以观众为中心的精神，这种精神集中体现在思想性、自由平等精神、人文关怀和共同情感这四个方面。

（一）思想性

网络视听节目的创作若纯粹以"逗乐"为目的，其"乐"必然流于浅薄、低俗。广大受众在此类节目的影响下，会慢慢接受并热衷于这样的所谓"幽默"，最终造成大众审美的低俗化倾向和人文修养的欠缺，容易导致审美选择上的盲目。

在网络视听节目的创作中，其语言可"俗"，但这是通俗之谓，而不是庸俗、低俗（低级趣味）之风。作品的思想性、精神内蕴要求"雅"，给受众以高尚情操、高尚审美的陶冶，这是我们从事网络视听创作应把握的基本原则。

网络视听节目的创作应源于生活、高于生活，倡导和弘扬生活中积极、健康、高雅、优良的东西，摒弃和鞭挞生活中丑恶、虚假、低级、拙劣的东西，去粗取精，去伪存真，在服务于大众的同时，引导和提高国民的人文素养。这正是节目创作的题中应有之义，也是我们广大创作者的神圣历史责任和时代担当。

（二）自由平等精神

网络视听节目创作者要坚持自由平等的精神。网络视听节目创作者不仅需要具备人文素养，更要在节目中将人文素养以合适的方式表现出来，以便让节目的传播效果达到最佳。过去一段时期内，网络谈话节目颇受观众喜爱，这样的节目为普通人提供了一个发表自己意见的平台。

作为节目创作者，如何驾驭好节目？其中最重要的就是创作者要坚持自由平等的精神，尊重他人。坚持自由精神，就要求创作者以一种宽容的心态去看待各种意见的交锋，认真倾听，不随意破坏别人表达的机会，不轻易否决别人的话；坚持平等精神，就要求创作者平等地对待每一个节目主体，不要居高临下。

（三）人文关怀

网络视听节目创作者要倾注人文关怀。人文关怀是发自内心的对人和生命的尊重和关怀，是衡量一个节目创作者人文素养的核心体现。有筋骨、有道德、有温度的文艺作品，是任何一个时代都需要和希冀的。近年来，在政策引导和市场需求的双重驱动下，我国网络视听节目秉持着"小成本、大情怀、正能量"的创作理念，逐渐褪去浮躁，步入健康繁荣发展的快车道。以人文精神为底色、引导社会向上向善，正在成为每一位创作者的普遍共识和价值追求。人文关怀体现着对人的生存境遇和精神世界的深切照拂。它是社会文明的重要标识，也是视听作品的价值所在。

互联网是思想和观点的大平台，对网民的思维方式、价值观念、行为规范等都具有重要影响。作为网络文艺组成部分的网络视听节目，自当在满足"网生代"精神文化需求的同时，致力于挖掘自身的价值内核与审美内涵，汇聚传递更多能量，涵养滋润更多心灵。

（四）共同情感

网络视听节目创作者要适度流露共同情感。共同情感是指一种人所共有的普遍性的情感态度，如仁爱之心、爱国之心等。共同情感不仅仅是节目所呈现出的情感线索，更集中体现出了创作者的情感流露。节目所能反映出的共同情感，在很大程度上取决于创作者与事物的关系和对事物的态度。

共同情感的流露能够激发观众的情感共鸣，具有感染与鼓舞的力量。此外，注意情感流露适度，否则将走向类似卖惨、博同情、求关注等极端，反而起到适得其反的作用。

三、政策法规素养

近些年，网络视听市场规模进一步扩大。基于市场的灵活性和投机性，加强监管依然是主流态势，促进文化产业发展、优化产业布局、建设健康有序行业生态是主管部门和行业各参与方的共同愿景。鉴于此，主管部门、行业自律组织在2019年陆续发布、出台了多份政策法规和自律性规范，规范市场行为，引导市场建设。2019年的各类政策法规呈现一体化监管趋势，采用统一尺度规范网络视听行业，对网络大电影、网络剧、网络综艺、短视频、互联网直播进行切实的监管。

2019年6月，历时四年起草的《文化产业促进法（草案征求意见稿）》公开向社会征求意见。作为促进文化产业健康持续发展的根本大法，该草案为包括网络视听产业在内的文化产业指明了发展方向，明确了基本原则和具体发展举措，并对文化产业参与主体、监管主体提出了新要求。2019年7月，《文化市场综合执法管理条例（征求意见稿）》也公开向社会征求意见，该条例旨在规范文化市场执法行为，促进文化市场繁荣稳定。

作为新兴文化产业的主力军，网络视听产业一直是监管机构关注的重点。2019年，以国家广播电视总局（下文简称广电总局）为主要代表，各相关部门陆续出台了多项有关网络视听产业的法律法规与政策性文件，也针对性地开展了一系列执法行动。由此，作为网络视听节目的创作者，面对国家对网络视听产业进行大力监管与整顿的局势，也应该提升自身的政策法规素养，从以下几方面着手，顺应社会发展的需要。

（一）结合时代主题，打造优秀作品

创作者应把握政治方向，发挥技术优势，突出宣传主线，着力打造现实题材的优秀网络视听作品，提高精品网络视听节目的上线率，将优秀作品在各大网络平台上播送，发挥网络视听平台"唱响主旋律"的作用。

创作者应认真研究广电总局发布的文件——《建立优秀网络视听节目创作研评机制》，熟悉优秀网络视听节目创作研评机制，通过推广优秀作品、开展座谈会、深入群众调研等方式，扩大正能量宣传规模，服务党和国家的

工作大局。

（二）输出健康内容，保持自我监督

网络视听行业属于内容经济，对其产品的内容监管一直是社会关注的重点。创作者应促进内容精品化、高质化，防范不良化、低俗化，为构建良好的行业生态贡献一份自己的力量，为人民群众提供高质量的文化产品，以此作为安身立命的根本。

一方面，创作者要牢牢遵守《网络信息内容生态治理规定》，把握好网络信息内容的生产、服务与使用等各个环节，自觉致力于营造清朗的网络空间，建设良好的网络生态，发布正能量的信息，防范和抵制各类不良信息与违法信息，切实履行自身主体责任，加强内部生态治理，培养积极健康文化。

另一方面，创作者要懂得版权保护，这也是网络视听行业持续健康发展的必要保障。在2019中国网络版权保护与发展大会上，国家版权局、国家网信办、工业和信息化部、公安部四部门联合启动打击网络侵权盗版"剑网2019"专项行动，巩固短视频、网络直播等网络重点领域版权智力成果成为此次行动的主要目标。由此可知，当合法权益受到侵犯时，创作者也应及时采取法律手段维权。

（三）优化产业结构，联动地方经济

随着我国经济发展进入"新常态"，产业升级需求日益迫切。网络视听产业作为新兴互联网文化产业，是产业转型升级的重点关注领域。创作者应高度重视网络视听产业与新兴技术的结合，推动产业高质量发展，优化产业结构，为促进经济发展提供助力。

创作者应在广电总局颁布的《关于推动广播电视和网络视听产业高质量发展的意见》（以下简称《意见》）的指导下，从优化产业布局、调整内部结构等多个方面做出努力。相应地，创作者还要学习领会《关于推动国家广播电视和网络视听产业基地（园区）建设发展的通知》的精神，即从产业基地建设角度，布局产业发展，促进网络视听产业与相关产业深度融合，带动相关设备商的产业集聚发展，形成产业规模，对本地区和周边区域经济发展发挥示范引领和辐射带动作用。

国家广播电视总局、国务院扶贫办联合发布的《关于进一步做好广播电视和网络视听精准扶贫工作的通知》中指出，要推动网络视听内容传播与贫困地区经济发展有机融合，有效发挥网络视听在产销助农、品牌强农等方面的作用，深化广告精准扶贫，用好流量资源，助力贫困地区产业发展。

优酷网等企业在这方面做出了良好的表率，其通过网络直播、网络自制剧等方式，挖掘贫困地区特色旅游资源及农产品资源，助力当地通过"互联网+扶贫"的方式形成良性发展，带动广大互联网用户深度参与扶贫项目，培养扶贫意识，营造扶贫氛围。

第二节　网络视听节目的社会责任

一、社会责任

网络视听行业既具有产业属性，也具备一定的意识形态属性，需要担负相应的社会责任，实现经济效益与社会效益的均衡发展。网络视听节目的社会责任是指节目在播放或运营中应担负的道德、法律、价值引领等方面的责任，它通常是依靠节目运营者的组织、策划和参与来实现的。根据《媒体社会责任报告》，通常媒体的社会责任包括正确引导、提供服务、人文关怀、繁荣发展文化、安全刊播、遵守职业规范、保障新闻从业人员权益、合法经营等，而网络视听节目的社会责任侧重表现在以下几方面。

（一）履行正确引领的责任

首先是意识形态的引领责任。意识形态工作是为国家立心、为民族立魂的工作。文艺创作始终都是一种特殊的力量，能在潜移默化、润物无声中，激励人民前进，引领社会进步。作为拥有广泛的观众群和影响力的网络视听节目，牢牢把握正确的政治方向、宣传导向和价值取向，弘扬时代精神，凝聚民心力量的责任重大，因此网络视听节目的社会责任首要是履行正确意识形态的引领责任。

其次是价值观的引领责任。青少年作为网络视听节目的重要观众群体，其最大特点就是价值观正处于形成时期，对社会的认知和辨识能力较弱，容易被节目内容或节目表达的观念所引导，其行为选择或价值追求会在潜移默化中受到影响。因此，网络视听节目还应肩负起引领青少年价值观的责任，在节目中体现积极向上的正能量。

（二）履行人文关怀的责任

网络视听节目的观众主体是老百姓，节目若能深入挖掘普通老百姓最关心、最直接、最现实的民生问题，紧跟民生热点，取材于生活又服务于百姓，获得观众的认可和关注，节目就能获得成功。

近年来，央视的许多综艺节目在这方面进行了众多探索，取得了较好的效果。公益寻人节目《等着我》、生活服务节目《生活圈》、创新科普节目《加油！向未来》等从不同的角度关注公益和民生，使观众能感觉到节目的温度和制作人的用心，赢得了收视率和较好的口碑。

（三）履行繁荣发展文化的责任

文化是一个国家、一个民族的灵魂。习近平总书记强调："没有高度的文化自信，没有文化的繁荣兴盛，就没有中华民族伟大复兴。"网络视听节目具有强大的兼容能力，不同的文化、艺术表现形式都能通过视听途径和网络载体一展风采。

因此，网络视听节目应充分发挥这一优势，以精心的策划和组织将各类优秀文化展示出来，既能给观众带来文艺熏陶，也能推动优秀文化的创造性转化，从而实现创新性发展，增强文化自信。

二、职业精神

职业精神是与人们的职业活动紧密联系，具有自身职业特征的精神。对于网络视听节目的创作者来说，在融合媒体视角下应具备的职业精神包括如下几个方面：尊重行业运行规范和节目创作传统，权威的身份认同和业务认可，务实的态度和强烈的责任感。

（一）尊重行业运行规范和节目创作传统

新媒体不仅仅是节目宣传的新阵地，也是引导舆论的新渠道。传统创作者要适应新媒体的介入，学会"跨界"运用新媒体的表达方式，并将传统媒体内容生产流程中的严谨作风代入其中，真正做到有效融合。尊重传统的行业运行规范和创编工作流程，保持谨慎，不误导、不夸张。

顺应潮流，兼容新媒体与传统媒体，这是新形势对创作者尊重行业运行规范和节目创作传统提出的新要求。融合媒体形势下的节目创编方式已经发生了改变，直观、形象、丰富的视听风格更能为节目增色，也更适应当下观众快速观看的习惯。

（二）权威的身份认同和业务认可

传统电视节目拥有多年积淀而来的上岗准入、工作规范等约束机制，拥有素质较高的工作团队，已形成了在内容、品牌、人才、公信力方面的优势，拥有着广泛的社会身份认同和各界对其业务能力的认可。将这种认同和认可延续到如今的网络视听节目中来，便是创作者以良好的专业素养赢得的社会效益，它能转化为创作者工作实践中的"催化剂"，帮助创作者更好、更快、更准确地完成工作。

在老一辈创作者的眼中，只有从源头中来、从现实生活中来的节目，才经得起时间和舆论的检验。创作者要从实际出发，深刻思考目前网络视听行业最需要什么样的风气，受众需要什么样的信息，戒骄戒躁，沉下心去"听心声""抓活鱼"，严把作品的质量，注重节目的深度和广度，以优质的内容取得受众和社会的信任和期待。

（三）务实的态度和强烈的责任感

在这个深度洗牌、格局重塑的时代，网络视听节目不仅面临着深入转型的挑战，也同样拥有着在大势之中赢得主动、弯道超车的机遇。媒体融合不是赶时髦，是要求创作者真切看到当今时代的核心价值，不忘初心、坚持党性，致力业务创新，弘扬主旋律和正能量，壮大主流舆论影响力。

致力创新，在探索中引领导向。新技术不断变革、新思维不断涌现，传统技能已经不能满足融合媒体时代对从业者的要求。创作者要勇于创新、迎接变革，积极投身"全媒体型人才"的塑造之中，才能在业务实践中当好"时代的呈现者"，在探索中引领导向。

三、道德规范

除了需要具备上述三种职业精神，创作者还应遵守行业相关的职业道德规范，这包含两方面的内容：首先是对网络视听节目从业人员的规范。从业人员应自觉遵守《新闻出版广播影视从业人员廉洁行为若干规定》《新闻出版广播影视从业人员职业道德自律公约》等规范，不断锤炼职业操守，恪守媒体从业人员工作纪律和国家相关规定，维护节目的良好形象；其次是对节目制作的规范。在节目采编上严把真实原则，严守公正立场，杜绝虚假、媚俗、粗制滥造等，为观众呈现出饱含真情实意的好作品。

第三节　传播平台的选择

一、选择优质平台，遵守规章制度

对于网络视听节目的创作者来说，其作品再好，如若没有适合作品的优质平台，那么作品所呈现的效果将会大打折扣。因此，选择优质平台是作品成型前就应该准确定位的一件重大事项。

2018年，我国首个国家级"5G新媒体平台"在中央广播电视总台开建，中央广播电视总台与中国电信、中国移动、中国联通等公司在北京共同签署合作建设5G新媒体平台框架协议，将通过联合建设"5G媒体应用实验室"积极开展5G环境下的视频应用和产品创新。根据协议，"5G媒体应用实验室"将在国内选取10个5G试点城市和相应的测试点，建立端到端的应用试验系统，全力推动5G核心技术在央视4K超高清节目传输中的技术测试和应用验证，研究制定基于5G技术进行4K超高清视频直播信号与文件传输、接收、制作技术规范等5G新媒体行业标准，引领5G新媒体技术应用。中央广播电视总台台长表示，将持续探索媒体智能化应用，以大数据、人工智能技术为5G新媒体平台建设和业务生产赋能，努力打造自主可控、具有强大影响力的国家级新媒体平台。

由此可见，优质平台具有的特征就是多方合作、融合媒体、高技术和促进发展，依托诸如此类的具有生命力的大型网络平台，按照平台的规章制度运行节目，节目的传播效益会有显著的提升。

二、聚焦优质作品，参与创作计划

目前，许多平台在内容、技术和服务方面不断投资，扶持优质作品和创作者。当创作者手头没有现成的优质作品，或者作品的构思还不够成熟时，可以选择有相关扶持政策的平台，借助平台的资源和力量在后期持续跟进。此外，平台推出的优质作品创作计划也是创作者施展才华的契机。

平台的优质作品创作计划对于创作者来说是高效率的出品途径，参与优质作品创作计划可以对自己以往的创作经历进行回忆与提取，还可以直接加快优质作品的出品进程，包括创作主题的确立、价值阐释、内容纲要、预算描述、团队组成等一系列实施步骤。

思考题

一、网络视听节目创作者应具备哪些专业素养？

二、网络视听节目创作者应具备哪些人文素养？

三、网络视听节目创作者应具备哪些政策法规素养？

四、青少年是网络视听节目的重要观众群体，作为网络视听节目创作者，应怎样履行正确的引领责任？

五、有人认为网络视听节目不需要担负相应的社会责任，你是否认同这一观点？请说明理由。

六、对于网络视听节目的创作者来说，在融合媒体的视角下应具备的精神有哪些？

七、在选择传播平台时应注意哪些问题？

第四章　剧情类网络视听节目的创作

【目标】

通过本章的学习，学生应了解网络剧、网络大电影、微电影、网络动画片的兴起背景、发展状况及其特征；基本掌握网络剧、网络大电影、微电影、网络动画片创作的基本原则及涉及的各个元素，并能具体应用到实践活动中；在新时代背景下，通过鉴赏剧情类网络视听节目，能学会利用影像谱写新时代篇章。

第一节　剧情类网络视听节目的分类

随着移动互联网技术的发展，网络视听播出平台快速发展并不断丰富，《中国视听新媒体发展报告（2013）》中将中国视听新媒体业态划分为互联网电视、公共视频载体、移动多媒体广播电视、移动互联网音视频、互联网视听节目服务、IPTV、手机电视、互联网电视。而《中国互联网视听行业发展报告（2018）》中则将网络视听内容划分为网络剧、网络大电影、网络综艺、网络直播、网络短视频、网络音视频六大内容。本书将剧情类网络视听节目划分为网络剧、网络电影、微电影、网络动画片等几个大类进行讲解。

一、网络剧

网络剧是专门为电脑网络制作的，通过互联网播放的一类网络连续剧。与电视剧一样，网络剧一般分单元剧、单本剧、连续剧。随着电视剧播放由先台后网的模式变成台网联动，以及网络剧向电视台进行反向输送的传播方式出现，网络剧与短视频、网络剧与电视剧的区别开始进入媒体研究者的视野。有研究者认为，网络剧的制作方是否为网络平台可以存而不论，网络剧是一种为在互联网终端播出而制作的适应网络平台特点的演剧艺术形式。一般来说。网络剧单集时长从几分钟到几十分钟不等，题材类型多样。

二、网络电影

网络电影一般指组建团队拍摄制作，具备完整电影的结构和容量，并且符合国家相关政策法规，在互联网平台上首发的视听作品。网络电影一般拍摄周期较短，几个月到一年左右，投资比较少，几十万元到几百万元不等。

为区别于微电影，网络电影多称为网络大电影，时长超过60分钟，是通过互联网新媒体平台传播的影片，具有完整故事情节。相对于院线电影来说，网络大电影具有时长短、拍摄周期短、投资成本低的特点。

三、微电影

微电影是指专门在各种新媒体平台上播放的、适合在移动状态和短时休闲状态下观看的、具有完整策划和系统制作体系支持的、具有完整故事情节的"微（超短）时"短片，一般时长在几分钟到1小时不等，内容分为幽默搞怪、时尚潮流、公益教育、商业定制等，既可以单独成篇，也可系列成剧。它具备电影的所有要素：时间、地点、人物、主题和故事情节。微电影具有生产流程简单、制作门槛低、参与性强等特点。

四、网络动画片

网络动画片是指根据互联网特点进行创作，以互联网平台为主要发行和传播渠道的动画作品。网络动画片单集时长短，题材丰富，叙事多样，以青少年为主要受众。

早期的网络动画片制作手段简单，故事情节单一。随着互联网技术的发展和视频网站的兴起，网络动画片的制作越来越精良。目前，创作者纷纷结合国风创作的新理念，围绕经典民间故事资源的挖掘与开发大胆尝试，既实现了对网络动画片的精神赋能，也助力中华优秀文化在广大受众中的普及和传播。不少网络动画创作者积极通过IP开发的思维路径，在经典民间故事中深入发掘现实意义和时代精神，从而实现了传统文化与当今社会的对话。

第二节 网络剧的创作

一、网络剧的概述

随着互联网技术日新月异的发展，网络剧作为影视作品的一种样式在短短不到10年之间繁荣起来，并经历了野蛮生长到精品化打造的阶段。网络剧是2009年以来，在国家网络版权政策下催生的新兴事物，它不仅实现了跨媒介传播，成为网络生存发展的重要举措，也丰富了影视传播渠道，成为影视"整合营销战略"的有益补充，具有极大的成长空间。网络剧与在网络平台上播出的剧集不同，在网络平台上播出的剧集不仅包括网络剧，还包括在网络平台和电视台同时播出的电视剧。

所谓网络剧，是以网络为载体，通过网络平台或在互联网的终端进行播放的，由视频网站独立或与影视公司合作，针对网络属性，以网络受众为主体，结合传统电视剧的制作方式所制作的电视剧。

互联网技术的发展和普及带来了传统电视剧的受众结构、收视习惯的变化，催生了网络剧的繁荣。经过调查研究，大致可以将网络剧的发展分为以下四个阶段。

（一）初生阶段：2009年以前

此时为低成本的"段子剧"阶段，剧集短小，一集几分钟到20分钟不等，每集的内容各自独立，联系不大，但是风格一致。此阶段的网络剧一般可免费观看，流量和贴片广告成为收入的主要来源，成本大约在百万元左右。

（二）发展阶段：2009—2013 年

2009 年之后，各大视频网站低成本购买电视剧版权的时代结束，平台必须打造自己拥有版权的剧作。各大视频网站都意识到这一发展契机，陆续投身于网络剧的制作中，积极开拓视频行业新形态、更新商业模式以顺应新媒体时代的整体态势，企图引领内容创作的风向标。

此时，传统公司还没有大面积进入网络剧领域。由于受众付费观看的习惯还没有完全形成，此时网络剧盈利不多，甚至处于亏本状态，但是各大公司均看好这一市场的未来。

（三）提升阶段：2014—2016 年

2014 年，广电总局出台"一剧两星"政策，面对电视剧入不敷出的局面，电视剧制作公司把目光投向了制作成本相对较低的网络剧。网络剧的样式开始电视剧化，单集 20 分钟到 45 分钟，每集之间剧情连贯。同时新的商业模式形成，网络剧需付费观看，不完全靠流量和贴片广告赚取收入。

此时网络剧繁荣发展，其品质得到全面提升，代表作品有腾讯视频播出的《鬼吹灯之精绝古城》、爱奇艺播出的《老九门》等，成本一般 5000 万元起。经过了将近 10 年的探索与尝试，网络剧无论在数量上、制作上，还是盈利模式及社会效益上，都取得了一定的骄人成绩，它不仅在制作上呈现出精良化、专业化趋势，更是在播出方式上掀起逆袭浪潮，这一阶段出现了网络剧反哺电视台的现象。

（四）精品化阶段：2017 年以后

随着各大公司的加入，网络剧市场不断发展壮大，但同时出现了创作质量良莠不齐、鱼目混珠的现象。2017 年，国家广电总局出台相关规定，强调网络剧与电视剧统一审查标准。因此一批以谋取利润为主要目的的、三观不正的低俗作品开始得到抑制，在保证成本的前提下，网络剧更具类型化，节奏更快，质感更好。可以预见，未来网络剧和电视剧的壁垒将消失。以"剧集"形式出

现的网络剧的代表作品有优酷播出的《白夜追凶》。

二、网络剧的特点

经过多年的探索和发展，这种由视频网站与传统影视剧结合而成的新兴艺术形式——网络剧成为一时热点。作为新兴事物，网络剧还会不断发展变化。目前，国内视频生产领域内一个有序的良性合作的产业生态尚未真正形成，网络剧行业激烈竞争，有时一些非专业视频网站为了在网络剧市场上分一杯羹，也加入无序的竞争之中。因此网络剧在发展过程中呈现出以下明显的特点。

（一）网生性

网络剧是以互联网为介质的新型连续剧，它通过互联网传播，以电脑、Pad、手机等为终端进行观看。纵观国内视频生产领域，不难发现众多的视频网站经过多年的博弈，在内容提供与制作、发行渠道、传播策略、受众互动与反馈等方面都形成了一定的模式。如今优酷、爱奇艺、腾讯视频三大视频网站脱颖而出，在网络剧市场上处于强势，众多的年轻观众习惯在这三大视频网站上观看网络剧。

（二）互动性

网络剧与传统电视剧的主要区别在于它的可点播性和即时互动性。观众可以边看剧边发弹幕，创作方可以通过弹幕内容随时了解观众的反应，做出相应的调整。

（三）篇幅短小

网络剧内容紧凑、节奏较快、篇幅短小。网络剧最初单集时长从几分钟到20分钟不等。如今虽然部分网台同步播出的剧的单集时长向40分钟左右靠拢，但是单集时长在20分钟以下的剧集依然会长时间存在。

（四）受众年轻化

中国网络剧的受众群体呈现出年轻化、地域广泛化的特点。调查数据显示，网络剧的主要受众群体为"90后"和"00后"等年轻人群。"青春叙事"连接了历史、未来与当下，已成为影视剧制胜的重要方法。网络剧的受众偏年轻化，采用青春语态来表达主流价值观更易被年轻观众接受。"青春表达"已经成为网络剧创作中的重要方向。

三、网络剧的创作方法与技巧

相较传统电视剧，网络剧很难在宏大叙事上取胜，因此网络剧的出路在于小而精。要在短时间内展现一个让观众印象深刻、引起观众共鸣的故事，并不比一部大型电视剧的创作简单，这就对网络剧的创作方法与技巧提出了一定的要求。网络剧的创作方法与技巧主要可以归纳为两个方面：第一是小而精；第二是深入挖掘题材。

（一）小而精

小而精包含了两重内涵：一是篇幅短小，内容精简；一是质量过硬，成品精美。

篇幅短小，内容精简是由网络剧的特性决定的。在碎片化观影的网络环境下，长篇故事很容易被市场埋没。只有将故事结构精简，叙事节奏加快，才能牢牢抓住观众的眼球。

质量过硬，成品精美则是由网络剧的现状决定的。由于制作门槛低、回报快，大量粗制滥造的网络剧涌入市场，且同质化严重，不保证过硬的质量，很难在市场中脱颖而出。

（二）深入挖掘题材

由于篇幅短小，易于操作，网络剧的题材呈现出多样性和广泛性。但如果对于某一题材只是浅尝辄止，则会失去题材上的优势。选定题材后，创作者必须考虑在这个题材上有没有深入挖掘的空间。一个好的题材，要么能带给观众视觉上的震撼，要么能带给观众精神上的思考。基于这种题材所展开的故事，也必须生动活泼，充满生命力。创作者要与大众审美需求接轨，创作出能让观众产生共鸣的优秀作品。

四、网络剧案例解析

2013年,一部名为《万万没想到》的网络剧爆红全网,超过7亿次的点击量,让这部剧成为当年不可忽视的一部现象级作品。下面我们对这部作品进行解析,以便对网络剧的创作有更深入的了解。

《万万没想到》讲述了王大锤各种意想不到的传奇故事,故事内容涉及职场、历史、穿越等多种题材。剧集每集只有10分钟左右,完美符合了网络剧受众碎片化观影的习惯。其亮点在于对"吐槽"文化的发扬,以及每集结尾的"万万没想到"的反转。

《万万没想到》作为网络剧的代表作,采用了特殊的叙事模式。这种特殊性体现在三个方面:去中心化、恶搞式反转以及金句效应。

(一)去中心化

《万万没想到》虽然有一个明确的主角——王大锤,但是王大锤每次出场的身份都不一样。他有时候是老师,有时候是学生,有时候是职员,有时候是老板。主角每一集不同的身份和不同的故事,最大程度提升了观众的观看体验。这种叙事模式打破了传统电视剧的连续性特征,观众不再需要花心思记住每个角色,记住每一条支线还有前文剧情中埋藏的各种伏笔。这也就意味着观众随时随地打开任意一集都可以放心地看下去,都会看得津津有味。这种力求精简、拒绝深入的去中心化叙事,非常符合网络剧受众的碎片化观影特征。

(二)恶搞式反转

《万万没想到》中有非常多出人意料的反转,这种反转不仅能带给观众新奇的观影体验,更能达到强烈的喜剧效果。这种反转有时候并不来自人物和故事,而是画面效果的反转。例如:第一集,王大锤来到一个武侠世界中,使用了名为"冰火九重天"的招式,但是出现的画面效果却令人捧腹。原来主创并没有精心制作特效,而是在屏幕上打出"火焰特效"和"冰霜特效"几个字。这样除了节约成本以外,还能达到意想不到的喜剧效果。

(三)金句效应

《万万没想到》作为一部碎片化的网络剧,其剧情并不能让观众记住太多,但是剧中频出的金句同样能起到提高传播效果的作用。比如第一集中反复出现的句子:"我的生涯一片无悔,我想起那天下午夕阳下的奔跑,那是我逝去的青春。"还有第二集中的句子:"不用多久,我就会升职加薪,当上总经理,出任 CEO,迎娶白富美,走上人生巅峰,想想还有点小激动呢。"这样的金句在《万万没想到》里层出不穷,在播放不久后就很快传播开来,无意中也带动了这部剧的热度。时至今日,都还有一些网友喜欢把这些金句融入二次创作的作品中。

除了特殊的叙事方式以外,主创在剧集之外的努力也是这部剧获得成功的重要因素。显而易见的是,网络剧与传统电视剧最大的不同就在于观众并不只是单纯的接收方。从网络剧的制作到播放,观众都可以参与其中,随时与主创团队进行互动。因此《万万没想到》的剧组除了制作剧集以外,还利用空闲时间,在官方微博、微信公众号中频繁与观众互动。

主创在与网友们讨论交流中得到的灵感也会反馈到后续的创作之中。这样人人都能参与创作的形式激发了网友的参与热情,这部剧的热度自然也就水涨船高。也正因如此,火起来的不仅仅是这部剧,主创团队的成员们也在长久的互动中形成了稳定的粉丝群体。例如导演易小星,演员白客、孔连顺、刘循子墨等人,他们的热度并没有随着剧作热度的褪去而减弱,这也是网络剧团队的优势所在。

第三节 网络大电影的创作

一、网络大电影的概述

2005 年,一部旨在恶搞电影《无极》的网络短片《一个馒头引发的血案》横空出世,它的出现不仅引发了无数人的共鸣,还创造了点播下载量远远超过电影本身的神话，同时也成就了我们如今所谓"神吐槽"的鼻祖地位。2010年，同样诞生自网络的《老男孩》不但戳中无数"80后"的痛点，红遍大江南北，也捧红了原本默默无闻的筷子兄弟，一时间，"草根"一词成为热门。

数年后，随着时代的不断发展，一些短视频、微电影为了能够将故事讲得更透彻、更完整，便开始将时间加长，同时采用传统院线电影的叙事方式以及拍摄手法来制作。于是，一种全新的事物诞生在我们眼前，而这一全新的事物也有一个十分响亮的名字——网络大电影。

网络大电影萌芽于2013年，兴起于2014年，飞速成长是在2015年。当人们发现"微电影""互联网电影""新媒体电影"等商业模式不那么理想之后，"网络大电影"在视频网站付费"风口"的带动之下，获得了商业上的空前成功。

网络大电影这个称谓最早由爱奇艺提出。早在2014年3月，爱奇艺就提出了"网络大电影"这一概念，同时开始针对网络大电影开展付费观看的尝试。据业内相关人士透露，此时在爱奇艺上线的网络大电影有三百多部，而这一数量也基本等于当时整个网络的发行量。

关于网络大电影的定义，目前比较普遍的说法是：投资几十万元到几百万元之间，时长超过60分钟，没有特别大的造景，制作、拍摄周期相对也短，以故事为核心的电影。所谓网络大电影，就是主要选择在互联网上发行的电影，又称为"微电影+"。

以往观众普遍习惯去电影院看电影，或者在网上点播院线下线的影片。而在过去的几年中，网络大电影蓬勃发展，不仅吸引了观众的眼球，也引发了影视创作主体和创投界的高度兴趣。影视圈人士纷纷开始筹拍网络大电影，人们活跃在各个群里，为新兴的网络大电影项目找剧本、找导演、找演员……

爱奇艺是网络大电影的推动者，其公司高层表示，爱奇艺之所以做网络大电影，是基于对市场的分析、判断。在中国，电影的播出渠道原来只有两个：一个是院线，占据了绝大部分市场份额和播映数量；另外一个是电视电影，当时电视电影只在央视电影频道(CCTV6)播出。

不过，网络大电影的兴起不单单是因为人为推动，而是主客观条件成熟的必然结果。网络大电影兴起的原因主要有以下几个方面。

第一，网络大电影是互联网大数据的产物，具备用户行为分析的可能性。譬如题材热点、用户属性，用户行为分析等细致化的数据分析，为网络大电影的后期制作提供了充分的参照数据。

第二，网络大电影介于微电影和院线电影之间，填补了一个巨大的市场空白，其独特的内容和形式满足了"80后""90后"，甚至部分"70后"观众的消费需求，这一年龄段的观众是手机终端视频的主要消费群体。

第三，网络大电影的题材广泛、丰富，具有宽容度，创作者、生产制作方可以根据题材的需要充分发挥想象力。观众在网络大电影中所看到的许多内容是院线电影、电视剧中所没有的。网络大电影的内容题材大致可以分为青春、爱情、时尚、动作、剧情、历险、科幻、惊悚、悬疑等九大类。这些题材显然迎合了大部分年轻人的心理。

第四，网络大电影的生产、制作、审核、发行、上线过程无须经历院线电影、电视剧那样复杂、烦琐的流程。只要制播遵守相关法律法规，经视频网站的审核员审核之后，网络大电影即可上线播出。这大大缩短了制作周期，满足了观众求新求快的心理。

第五，小成本制作是网络大电影得天独厚的优势，其制作成本少则几十万元，多则几百万元。制作成本低可以吸纳更多的草根阶层参与其中，使得艺术创作主体和演艺人员多元化，有些小有实力的文艺爱好者或普通投资者也可参与其中，过把电影瘾。而对于那些初出茅庐的专业影视人员，参与网络大电影的创作、制作，也不失为一个练手的好机会。

第六，网络大电影的商业模式逐渐成熟，由于市场空间较大、投资风险相对较小，越来越多的资本进入网络大电影领域。在资本、人才、受众、政策都具备的条件下，网络大电影的兴起就不是偶然事件了。

中国电影家协会表示："网络大电影门槛较低，且现阶段主要采取平台自我把关的形式，使得该类影片的类型更加多元化。再加上现阶段网络用户以年轻人为主，通常对于高品质有着较强的付费意愿，因此相较于传统院线电影，未来网络大电影还有更大的市场空间可待挖掘。"

二、网络大电影的特点

（一）体量小

网络大电影可以说是微电影的升级版，院线电影的低配版。与微电影相比，网络大电影呈现的是院线电影的长篇幅叙事结构和体量；与院线电影相比，网络大电影采取在互联网上发行和播映的方式。介于院线电影和微电影之间，在"网"与"大"的聚合互动中，网络大电影逐渐确立了自身的艺术形态和定位，开辟了全新的市场空间。

（二）场景不限定在电影院

与传统的限定在电影院的观影模式不同，观众可以通过手机、平板和电脑等移动客户端观看网络大电影。网络大电影的主要线上载体有爱奇艺、优酷、腾讯视频等视频网站。

（三）受众多，互动性强

相对传统电影，网络大电影与受众的交流和互动更多。目前很多分集式网络大电影采用边拍边播的形式，受众者可以通过评论、弹幕以及社交网站发布自己的看法，相应的，制片方可以通过这样的方式及时收到受众的反馈，在以后的拍摄中调整自己的战略，最大程度地满足受众的需求，增强观众的参与感。

（四）内容去严肃化，呈现平民化、草根化

网络大电影之所以能引起巨大的反响，是因为其能引起受众的共鸣。因为

创作网络大电影的最初目的就是让网民的情感诉求得到满足，而且当时的创作主体就是普通民众，都是从身边的人和事入手的，这种特点在网络大电影后来的制作中慢慢传承了下来。网络大电影的内容偏草根和搞笑，在电影院和电视台上看不到的一些段子，都可以成为网络大电影的狂欢盛宴。

（五）传播速度快，紧跟社会热点

网络大电影时效性非常强，社会上刚出一个热点事件，互联网影视创作者就可以马上用影像做表达，通过互联网快速传播。

三、网络大电影的创作方法与技巧

（一）网络大电影剧本的题材与主题

1. 题材：类型碰撞，高概念优先

网络大电影因其自身的商业属性，在选择题材时与院线电影的考虑有所不同。网络大电影基本不会考虑艺术片这种类型，并且会在院线电影主流选题以外进行题材的选择。因此较为优秀的网络大电影剧作需在保证商业性的前提下，进行多个类型碰撞的尝试，并合理运用高概念的设定。下面以优秀的网络大电影为例进行具体阐述。

（1）商业为基础，稳中求胜。

云合数据发布了关于头部网络电影类型元素的分布趋势（图4-1），数据显示，排在网络大电影票房前列的作品类型主要有动作、喜剧、爱情、奇幻、悬疑、武侠等，代表作有《奇门遁甲》《陈翔六点半之铁头无敌》《水怪》《灵魂摆渡·黄泉》《秋寒江南》等，这些都是网络大电影中的佳作。上述六种类型皆具有强烈的商业元素，因此商业性是创作网络大电影剧本的基础参照。

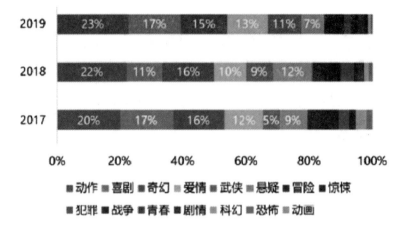

图 4-1 头部网络电影类型元素分布趋势

（2）多类型碰撞，推陈出新。

单一热门题材或多个热门题材的结合，已经不能给每日接收许多新信息的观众以新鲜感，在网络大电影《奇门遁甲》《四大名捕之入梦妖灵》《镇魂法师》等热门题材火爆之后，观众已经产生审美疲劳，如何在原有题材上尝试不同类型之间的新搭配成了策划阶段需要研究的问题。在满足基本商业需求的基础上，可以通过类型之间的差异进行新的融合尝试。

早在 2010 年，院线电影《人在囧途》将公路题材与喜剧题材相结合，产生了意想不到的积极效果，形成了一个火爆的新题材：国产公路喜剧。2017 年，网络大电影《哀乐女子天团》将殡葬业与少女的歌手梦想相结合，不同元素搭配呈现令人眼前一亮的效果，获得了不俗的口碑。因此尝试进行不同类型之间的搭配，有益于迸发新灵感，衍生出新的题材。

（3）尝试高概念，创意为王。

高概念是好莱坞的一种程式化的电影生产模式，是以引人注目的噱头、简洁的情节主轴、明晰的主题、高度的视觉冲击力、明星等元素追求最大数量观众及充分的市场营销能力的商业叙事策略。例如，好莱坞影片《侏罗纪公园》的高概念内容为"恐龙复活"，国产院线电影《记忆大师》的高概念内容为"大脑可以装载他人的记忆"，网络大电影《海带》的高概念内容为"精神病人预见外星人将毁灭地球"。这些作品另辟蹊径，借用离奇的设定来讲述人类的情感,让人眼前一亮。网络大电影因为成本有限,在制作与院线电影同题材的影片时不具备优势,因此设定高概念、发挥创意成了网络大电影的撒手锏。

2. 主题:简洁深刻,关注网生代

主题即故事的核心,是电影的魂。主题在先,从中生发出人物、冲突、动作,通过影像衔接成为电影。网络大电影虽为商业电影,但仍需向观众传达鲜明的价值立场,以一个明确的主题贯穿影片。网络大电影的主题选择主要受三方面因素的影响。

(1)故事背景限定故事主题。

故事的背景是四维的——时代、期限、地点和冲突层面。故事背景在一定程度上限制了主题选择、情节设置的范围,使故事更具有说服力。时代即故事发生的大时代背景。例如,网络大电影《奇门遁甲》的故事发生在古代的武侠世界,其中主角周同为了给父亲报仇而苦练武功,最后击杀恶人,彰显了惩恶扬善的主题,但其中以暴制暴的方式如果放在现代背景的影片中便不再奏效,反而体现了不正确的价值观。又如,在故事背景为现代社会的网络大电影《罪途》中,女主人公为了给死去的好友报仇,杀死了曾经对儿童施暴的老赵,最后被警察逮捕,受到了法律的制裁。因此,故事的背景限定了故事主题。

(2)主题内涵迎合网生群体。

从马斯洛需求层级来看,网络大电影受众与院线电影受众对于希望从影视作品中获得的情感满足存在差异。过高的层级,如实现自我价值的主题对网生代受众群体而言显得晦涩矫情;而过低的层级,如表现生存问题的题材也并不适合大部分网络大电影。影片《老男孩》讲述了青春的美好与现实的遗憾,令"80后"群体产生共鸣;《罪途》通过一个悬疑情境讲述了儿童被性侵的故事,拷问人性;《灵魂摆渡·黄泉》以一个假定情景赞美了爱情的永恒。这几部电影的主题皆直截了当,与人们生活息息相关。因此网络大电影在主题选择上应贴近受众生活,并简洁鲜明,使受众更易接受。

(3)自我表达结合观众心理。

电影的主题由视点人物进行传达,观众对其的认同实际上是一种自我认同，因此影片的主题应既能够满足自我表达的需要，又能够衔接观众的心理需求。可通过以下几种途径找到影片与观众的连接点：主题具有普适性，与时事相结合，让故事个人化，探索社会问题等。如网络大电影《海带》既表达了主创对职场压抑环境的批判，对精神病人的同情和关注，也让绝大部分身在职场的观众感同身受，达到了自我表达与满足观众心理需求的结合，是网络大电影中成功的典范。

（二）网络大电影剧本的人物塑造

1. 构筑人物关系：角色之间功能互补

电影中的每个角色都有必要的功能，都要对故事做出特别的贡献。电影中的角色可以分为五类：主要角色、配角、增加层次维度的角色、主题性角色，以及陪衬角色。对比院线电影对角色的深度挖掘，网络大电影更需要将人物的功能鲜明化、极致化并丰富化。增强人设并使角色功能鲜明是网络大电影需要着重设计的；同时在各个角色之间构筑强关系，即要多设置角色之间的冲突。

（1）主角贯穿故事。

在网络大电影《奇门遁甲》中，周同作为主角贯穿故事始终，观众随着周同的视角体验故事情节，感受主角的价值观转变，故事的情节也需要随着主角的动作而向前推进。

（2）配角衬托主角。

配角起着衬托主角的作用。在网络大电影《奇门遁甲》中，配角为周同的四位师父，他们负责推动主角成长，使主角的价值观一步步地转变。

（3）增加层次维度的角色包装主线。

增加层次维度的角色可以对主线进行包装，同时又不脱离故事核心。在网络大电影《奇门遁甲》中，周同的父亲为增加层次维度的角色，通过其将古代官场的尔虞我诈表现出来，在单纯的复仇主线中增加了关于古代官场腐败现象的思考。

（4）主题性角色阐述价值观。

在网络大电影《奇门遁甲》中，主角周同的师父洛君便是主题性角色，影片通过他给主角与观众传递了正确的价值观：真正的担当，是不管内心有多大的不甘，都会选择那条正确的路，即便永远孤独。

通过以上分析可知，网络大电影一般会通过设置正反派的对立、正反人物之间的矛盾冲突来配合主题思想，使故事结构成型，再配以配角的点缀、主题性人物的心声，将人物的功能凸显出来，并实现人物关系框架的定型。

2. 具体角色设定：突出人物类型特征

在剧本创作中，人物塑造离不开一个手段——写人物小传。人物小传表现人物的外在形象以及内在个性，从内而外构造出一个人物整体。与院线电影不同，网络大电影在设定人物功能之后，需要设计出鲜明的人物形象。令人满意的人物需要具备的四个特质：有一个强有力且清晰的戏剧性需求，有独特的个人观点，有特定的态度，经历过某种转变或改变。

（1）外在形象鲜明夸张。

在网络大电影《罪途》中，每个人物的形象都十分鲜明并具有明显的区分度，影片将列车乘警、法医、小混混、学校教导主任、报社记者等属性区别明显的角色共同放置在一个封闭的车厢环境中，每个角色将自身属性的特点充分发挥。如法医在面对案件时，会从医学、化学等角度进行观点阐述，其语言、动作完全符合法医职业的专业性以及人物的性格特点，其功能为推动破案进程，其戏剧性需求为救赎当年隐瞒受害者验尸报告真相的罪过，该人物态度坚定，并在赎罪的过程中发生了价值观的转变。

（2）内在动机强烈有力。

基本属性设定完成后，需对角色内在动机进行深化，原则为真实可信并与人物背景相辅相成。在网络大电影《罪途》中，将列车乘警设定为性格正直、思维缜密，内在动机为查出杀人凶手，让乘客们安全到达终点站，这样的设计符合人物职业特征，真实可信。而女主角因为童年时期被老赵强暴而留下了阴影，因此开始自暴自弃，最后走上了吸毒的道路，童年的经历决定了女主角的性格，也赋予了她强烈的杀人动机。角色强烈的动机能够很容易地感染到年轻受众，因此网络大电影在创作中一般会赋予角色强烈的内在动机。

人物弧光则是在揭示人物性格中展现人物本性的复杂与变化。在网络大电影《罪途》中,女法医曾经因为考虑到学校声誉而瞒报了女童被性侵致死的事实,而在火车上的经历让她的价值观开始发生改变,最后她顶着巨大的压力向乘警交代了当年案情的真相。这个人物在极端环境下做出了与性格相反的行为,让观众的内心受到强烈的震撼,这就是人物弧光在电影中的作用。

在网络大电影的实际创作中,制片方对人物小传的定义与院线电影有些不同,网络大电影更注重人物在戏中的表现,而并不深究人物的前传。这也说明了目前网络大电影在人物设计上相比院线电影有些单薄,更加符号化与商业化,这一点是网络大电影的弊端。

(三)网络大电影的结构与情节

1. 结构:三幕形式

罗伯特·麦基提出了著名的"故事三角"理论,对故事的类型进行不同程度的区分,并提出三个极端类型:经典设计的大情节、最小主义的小情节,以及反结构的反情节。网络大电影自身的商业属性决定了其必须选择大情节类型,即拥有因果关系、闭合式结局、线性时间、外在冲突、连贯现实和主动主人公等特点。

商业剧本的结构要素主要有结尾、开端、情节点一与情节点二,将整个影片的故事分成三幕。与小说不同,剧本需先确定结局,从开端将所有事件的发展连接成故事线,再导向结局。因此从开头到结局,主人公需攻克层层困难以解决最后的终极矛盾。结局角色的变化或死亡都要在剧情进行中一步步铺垫,埋下伏笔,前后需严格呼应。

情节点一是从开端到中段的转折,设置一个决定性事件,将故事导入正式叙述中,事件发生便是情节点一。经过中段的对事件的查探,情节点二的位置自然放在事件水落石出的一刻,最终导向结局。在三个段落中又有许多小的情节点,但情节点一与情节点二是结构的重要骨骼,决定着电影的方向,大骨骼带着小骨骼将剧情结构搭建起来。

在经典影片《肖申克的救赎》中,情节点一为主人公安迪入狱后借到锤子,情节点二为主人公安迪开始逃狱。这两个情节点将影片分为三幕,第一幕建置

第四章　剧情类网络视听节目的创作

了安迪入狱的原因以及狱中的情况，第二幕讲述了安迪如何与所处的监狱环境进行对抗，第三幕则讲述了安迪越狱后的结局。在网络大电影《水怪》中，第一幕讲述了主人公水生的许多朋友被水怪所杀，第二幕讲述了水生如何对抗水怪，第三幕讲述了水生等人杀死了水怪。三幕剧符合大多数人对电影节奏的期待，是网络大电影创作的首选。

网络大电影对开端建置的重视程度远大于院线电影，开头是网络大电影的"保命"环节之一，对开端的建置需重点对待。开端需建置足够吸引观众的戏剧性前提，而以视觉呈现最为直接。

2. 情节：步步为营

故事与节拍分别是结构的最大单位与最小单位，结构搭成后需进一步细化到每一场戏的功用分配。因为网络大电影与院线电影在播放方式上存在不同，所以网络大电影必须在每一时刻都能够足够吸引观众。因此在剧本的创作中需要对故事情节进行环环相扣的设置，精雕细琢每一个环节。

从故事到节拍，结构的划分越来越精细，一个剧本的完成是从大结构的搭建到小节拍的细化，无数的小节拍连接成一部完整的剧本。网络电影在剧作层面的要求越来越高，草就的时代已慢慢过去。从剧作角度而言，网络电影的剧本将越来越精品化，对剧作方法与技巧的掌握也越发重要。

四、网络大电影案例解析

（一）剧情简介

荒野巨兽

2100年，在神秘的荒野极寒森林地带，到处是茂密的原始森林和寒冷的冰雪，里面暗藏危机，某日，一块来自加卡尔2号星球的带有外太空宇宙力量的陨石坠落于此。这种陨石具有神秘的力量，可以令其他生物变异，但是通过科学家的技术改良，陨石所具有的变异力量可被消除，化为解决生物危机、造福人类的"法宝"。

文教授带领科考队前往极寒森林地带寻找陨石来消除危机,而邪恶的烈昆集团也在寻找这颗陨石以谋取财富,但是谁都没有想到陨石改变了生物的特性,森林里的生物变的极具危险性。文教授他们能否面对邪恶的烈昆集团和危险生物的双重危机,找到陨石来解决这场危机呢?

(二)影片海报

《荒野巨兽》宣传海报如图4-2所示。

图4-2 《荒野巨兽》宣传海报

第四章 剧情类网络视听节目的创作

（三）剧本解析

1. 外：特效——陨石坠落

未来的某一年，一颗巨大的彗星冲向地球，在进入大气层后发生大爆炸，解体成碎片散落下来。碎片大部分落在了海中，但有一部分落在了陆地上。这些外星来客似乎带着强大的辐射，会使周边数公里内的生物发生形态上的变化。居住在一定范围内的人类，会在48小时内外形变得苍老，脸上布满皱纹，头发变白，骨骼老化。

解析：开场展示的是自然雪景、云海的航拍画面，开篇直接展示世界观，方便将观众代入场景。

2. 外：森林、溪流边——日（一对情侣，男生是东北口音）

冬日，白雪皑皑，一片高耸的松林静静地躺在山坳里，水气弥漫在树腰间，一眼看过去树林很清晰，却又好像看不透。大地也被铺满了白雪，一对小情侣背着旅行包来到这片森林，身后留下一大串脚印，在茂密的森林面前，他俩显得格外的渺小。男生看着这片森林。

男生：就是这儿了！

女生：这里看上去也没有什么特别的啊。

男生拿出自拍杆，夹上手机，打开手机直播平台开始了直播。

男生：各位老铁，大家好！荒野男神准时开播，今天我们来到了最近爆红于"颤声"（虚拟网络直播平台）的荒野森林，就在前方！听说靠近那片森林的人会因为某种原因加速衰老，荒野男神从来不相信这些，今天我们就带大家走进这片森林。来，想看的老铁扣一波6，有礼物的都上一上，我们出发啦！

两人开着直播继续往前走着，越来越接近那片森林。他们走累了，男生找到一处平地，准备搭起帐篷休息。男生安顿好帐篷，带着直播手机转身去河边取水。

男生：因为再往前面走，可能就找不到适合搭帐篷的平地了，所以就在这里搭好帐篷休息一下。各位老铁你们看，这里的河水还是很清澈的，应该可以直接饮用。

说着他舀了一勺尝了尝。正当他喝水时，手机屏幕里他身后的树林突然一阵骚动，手机弹幕开始刷屏（后面有东西，看后面，树林里有东西……）男生回头看了看，没有发现异常，便继续打水。这时爱看热闹的网民更激动了，满屏的弹幕（过去看看！别怕啊！去看看……）

男生抿了抿嘴角。

男生：来，老铁们礼物上一波！我过去看看是什么东西。

网民们都刷起了礼物。

男生将镜头调转，慢慢地向树林里探去……

突然树林里又出现动静，他更紧张了，弹幕刷得更凶了，他已经顾不得向粉丝要礼物，而是紧张地往里面看。突然，女友冲出来，吓了他一跳，原来是一场虚惊。网友纷纷刷起弹幕，男生摸了摸胸口。

男生：这是一场意外啊，老铁们，意外啊！为了制造紧张的气氛，其实没啥事儿，我们继续，吓死我了。

男生：老铁们，这片树林非常的普通，并不像咱们"颤声"上说得那样啊，那都是造谣圈粉啊，老铁们……

他话音刚落，只听得一声巨吼，男生一回头就被一头巨兽咬住上半身，叼了起来，手机掉落到地上。

只见手机屏幕上弹幕疯狂地刷了起来（有的说看到了，有的问怎么回事）。掉落在地上的手机镜头正好对着女生，她一个人呆呆地站在那里，满脸惊恐。

解析：影片用户外直播这种接地气的方式引入，让观众能直接进入场景。同时通过一场虚惊铺垫了后面真正的灾难，极具冲击力的画面会直接抓住观众的眼球。

3. 内：实验室——日（文教授、凯风、心丽、金武、科研所同事）

实验室内，凯风在显微镜里研究着细胞的活动，身后其他同事们也在忙碌着，心丽走过来。

心丽：怎么样？

凯风：（无奈地摇头）细胞壁非常坚固，试了很多种办法，只能单个细胞采用物理方式突破，没有其他办法。（画面给出单细胞核素材）

心丽：上次的疫苗我给白鼠注射了，最多只能延缓10小时左右的衰老期。

凯风一边看着显微镜，一边叹着气，他一拳头捶在桌子上，发出一声闷响。

凯风：哎……要是能解析出辐射源就好了，现在得到的数据太少，根本不够制造疫苗！

心丽：凯风……不要急，我们不是已经有成果了吗？虽然只有10小时，但是我相信我们迟早会做好疫苗的。

凯风：（摇了摇头）不是这样的……现在的进程太慢了，世界上有很多人已经遭受了辐射的侵扰，我们的工作就是拯救那些陷入灾难的人们……我们不得不跟时间赛跑，这是我们的责任！

心丽：（欣慰地看着凯风）凯风……

这时文教授走进实验室，金武沉默地跟在后面，大家都跟文教授打招呼。文教授走到凯风身边，弯下腰看显微镜。

凯风：各种方法都试过了，我现在唯一能做的只是单个手动破除细胞壁，而且就算破除了细胞外壁，还是抑制不了变异。

文教授：既然被辐射过的细胞我们没办法攻破，我们还是要从辐射源入手，我们只有采集到辐射信息，才能知道怎么抵御辐射。

凯风：说直观点就是现在治疗不了，只能从防御入手。

文教授：嗯！

心丽：但是，我们现在接收不到辐射信息啊。

凯风：对啊，教授。我就是因为缺少对辐射源的物质，才无法做出疫苗的，关于这个辐射源的问题该怎么解决？

文教授：这可能需要我们亲自去一趟了……

大家突然都沉默了。文教授看了一眼凯风，凯风有点胆怯，避开了文教授的视线。

文教授：怎么样？

凯风在那儿发呆，心丽看着凯风。

心丽：哎，文教授问你呢！

凯风：啊？问……问我？哦……我……我还是不去了吧！我身体素质不行，去了也是个累赘……

心丽瞪了凯风一眼。

文教授用手指向电脑屏幕上的图片。

文教授：你们看，白鼠的细胞原子已经有癌变反应，这种辐射应该来源于高能量的电离辐射，电离辐射导致癌变的概率取决于辐射剂量率，以及接受辐射生物的感应性，我们现在只能了解到其中的一个方面，而且不全面。我们这次不但要做好防护工作，还需要带上辐射剂量仪和气溶胶采样仪。对了，忘记给你们介绍了，这是金武，这次行动专门负责保护我们的安全。

金武一幅高冷的样子。

凯风：教授……你已经都安排好了？

文教授笑了笑。

心丽：文教授这是铁了心要去啊，凯风，你现在怎么说？

凯风：我……

凯风：（独白）我就是一个文弱书生啊……现在还要拉我去荒山野岭寻找辐射源，怎么办，怎么办？

心丽：教授，我和你一起去！

文教授：此行风险无法预测，心丽你就不要去了！凯风，你不再考虑考虑吗？

心丽刚想反驳文教授，被文教授打断。

凯风：我……可以不去吗？

解析：影片对人物性格的刻画恰到好处，同时留下悬念，凯风是否会跟着教授一起去，而教授一行人是否能够顺利完成任务呢？

4. 外：洞外——日（凯风、心丽、烈云）

心丽大笑着，手指高高抬起又快速下垂，使劲按下了控制器的按钮。凯风一把拉回烈云，将其护在身后，两人缓缓向后退着。

蜥蜴猛烈地晃动着身体，它看了看凯风和烈云，但并没有攻击他们。心丽自以为成功帮助养父韩教授实现了他的计划，狂笑起来。

笑声戛然而止，凯风和烈云抬头一看，蜥蜴竟然一口咬掉了心丽半个身子，鲜血喷洒在地面，心丽瞬间毙命。

蜥蜴咬死心丽后，张大了嘴冲向烈云。

凯风：烈云，小心！

凯风发现旁边的草丛里有一木棍，于是捡起了木棍，冲上去与蜥蜴搏斗。蜥蜴猛然看向凯风，一尾巴甩向凯风，凯风躲闪不及，被甩飞到几米外，吐出了一大口鲜血。凯风挣扎着想要爬起来，却发现爬不起来了，眼前的景物正在不停晃动，意识开始模糊，一头倒在地上，竟然昏了过去。

蜥蜴并没有打算放过昏死的凯风，它张着流着涎水的大嘴，一步一步走向凯风。每走一步，都在地面留下一个深凹的足印。蜥蜴的口水滴在凯风头上，凯风恢复了意识。

凯风：（有气无力）烈云，快跑！

烈云：不……不！

就在蜥蜴张大嘴巴将要吞下凯风时，烈云捡起石头用力砸向蜥蜴。石头砸到了蜥蜴的眼睛，蜥蜴缩回了张大的嘴并痛得怒吼起来，最终蜥蜴叼起地上的蛋，回头看了看将要拼命的烈云和倒在地上的凯风，心有不甘地离开了。

解析：配角处心积虑、心怀歹念，自以为达到目的。故事突然反转，配角的死给处于危险中的主角带来一线生机，也为故事的结尾做了铺垫。

5. 外：森林——日（烈昆、顺龙、猛龙、烈云、凯风）

烈昆闻声赶来，只见凯风晕倒在烈云怀中。

烈云：（哭泣）凯风，都是我不好！你坚持一下，我马上带你回去！

烈昆大步向烈云跑去，扶着烈云的双肩。

烈昆：小云，你没事吧！这到底是怎么一回事？

烈云：爸爸，我没事。这一切，这一切都是……

此时蜥蜴感受到烈昆几人的气息，将蜥蜴蛋藏到隐秘的石堆后，再次爬向烈昆。

烈云看到蜥蜴又折返回来，对着烈昆大声喊。

烈云：爸爸小心！蜥蜴，蜥蜴又回来了！

烈昆急忙回头，面带些许惊恐。烈昆看到蜥蜴越来越近，急忙抓住烈云。

烈昆：小云听话，你一会看准时机带这小子跑出去，一定要保护好自己。

烈昆随即转身并招呼身后手下，眼神变得坚决起来。

烈昆：你们还愣着干吗？不就是体形大了一些的畜生，没有什么可怕的，杀了它！

烈昆一行人和巨蜥纠缠着，他们显然不是这个大怪物的对手，只有招架的份。烈昆想把巨蜥引开，但几次都没有成功。蜥蜴嘶吼着冲向他们。烈昆情急之下冲向巨蜥，将手里的刀狠狠插入巨蜥体内。

烈昆：小云快跑！

巨蜥巨吼，不再追逐烈云、凯风，转头向烈昆咬去。烈昆无处躲闪，巨蜥一口咬住烈昆，鲜血四溢。顺龙和猛龙被巨蜥的尾巴甩在石头上，鲜血四溢。巨蜥再次向烈云、凯风冲去。

烈云见烈昆倒在血泊中，悲痛欲绝，两眼通红，但看着身旁的凯风，强撑着身体搀扶凯风前行。

眼见巨蜥即将追上烈云、凯风，正在这时，小蜥蜴从洞里慢慢地爬了出来，发出了婴儿般的叫声，似乎在呼喊着它的妈妈，巨蜥听到了这个声音，没有再继续追逐他们，转身向自己的孩子爬去。

烈云见状，赶快趁机搀扶着凯风，逃离了……

解析：大反派（烈昆）的出现给正处于苦难中的主角一种绝望的感觉，但故事在情节设计上非常奇妙，用情感来推动故事发展，善恶之间尽显亲情。

6. 外：森林——日（烈云、凯风、文教授、金武）

烈云抬头看着美丽的天空（无人机缓缓升起，以"上帝视角"拍摄）。

凯风将烈云揽入怀中，两人紧紧相拥。

解析：心怀叵测的人最终作茧自缚，主角则成功逃脱，极富戏剧性的场景为这个奇幻故事收尾。

7. 外：洞穴——日

巨蜥和小蜥蜴正在酣睡。

最后，镜头落在那一个一直没有孵化的"蜥蜴蛋"上。

解析：最后再次留下悬念，一直没有孵化的蛋里是什么怪物？故事是否还没有完结？结尾给人意犹未尽、细思极恐的感觉。

第四节　微电影的创作

一、微电影的概述

微电影即微型电影，指通过互联网新媒体平台传播的影片，时长几分钟到几十分钟不等，是一种适合在短时休闲状态下观看，且具有完整故事情节的视频短片。微电影内容丰富多样，融合了时尚潮流、幽默搞怪、公益教育等元素，这使其逐渐成为当代的文化热点之一。

新媒体环境下的"微时代"来临，不仅使微小说、微博、微信等成为我们生活中的一部分，微视听的文化消费形式——微电影也正得到越来越多人的喜爱，微电影俨然已成为当今最火爆的新媒体形式。由吴彦祖主演的视频短片《一触即发》于2010年在优酷热映，此时优酷在这部作品的简介中首次使用"微电影"这一概念。丁亚平在《"大电影"视域下的微电影的发展》中提到，微电影是影院电影、电影短片之外的第三电影，微电影可以被视为微时代的一场新的电影运动，也可以看作以市场为核心的反映互联网的新形态和当代媒体传播新格局及其优势的商业运动，还可以视为以知识分子为核心的广泛的社会批判运动。

微电影本质上也是电影，它是一种以电影的创作手法制作的浓缩版的短视频，是基于网络传播的新媒体视频表现形式。微电影具有和电影一样的清晰的故事主线和完整的故事情节，并且具备电影的所有要素：时间、地点、人物、主题和故事情节。

微电影近年来发展迅速，中国互联网络信息中心发布的报告显示，截至2021年12月，我国网络视频（含短视频）用户规模达9.75亿，较2020年同期增长4797万，占网民整体的94.5%。尤其在抖音、快手等短视频平台的快速渗透下，微电影越来越受到民众的欢迎。图4-3所示为2018—2021年中国网络视频用户规模及使用率变化趋势。

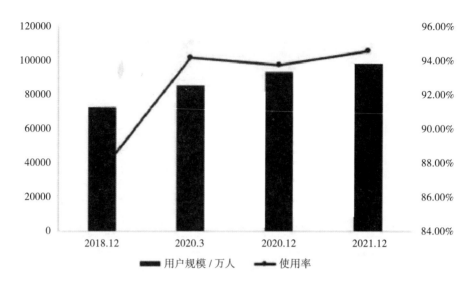

图 4-3　2018—2021 年中国网络视频用户规模及使用率变化趋势

2019 年 1 月 25 日，习近平总书记在中共中央政治局第十二次集体学习时指出，各级党委和政府要从政策、资金、人才等方面加大对融合媒体发展的支持力度。在国家政策的大力扶持下，微电影作为新媒体的主流载体，将展示更加旺盛的生命力。

我国新媒体传播行业蓬勃发展，微电影在经历了爆发期之后，逐渐进入平稳发展阶段。在微电影发展初期，大量行业内外人员一拥而上地拍摄微电影，造成市场过度膨胀，电影大多粗制滥造、鱼龙混杂，精品少之又少。随着广电总局"限娱令""限广令"等的颁布，众多企业在微电影中看到了新的商机，微电影也随之进入商业化发展阶段，逐渐成为融合市场竞争、获得传播优势的关键途径。

二、微电影的特点

从制作角度来看，微电影和传统的院线电影存在明显差异，和普通的视频短片、广告也不相同。其特点主要表现为时长短、制作周期短、投资少。

（一）时长短

传统院线电影时长动辄 90 分钟以上，更有《星际穿越》等单片时长达到 180 分钟的电影。而一般微电影的时长不会超过 30 分钟，影片在极短时间内完成叙事，内容具有创意性且高度浓缩，有利于快速传播。几分钟的短片可以充分利用观众的碎片时间，方便人随时观看，容易俘获粉丝，形成一种独特的"视觉快餐"产业链。

由于时长限制，微电影需要保持精炼的内容和简单的结构，其不可能像传统电影一样在情节上层层铺垫，而是需要快速推进主要情节，次要情节要不断压缩。当然，较普通的网络短视频而言，微电影在故事情节上会更加饱满。

（二）制作周期短

因为微电影的时长短、剧情精简，所以其制作周期较传统电影而言也缩短很多。在当今社会，人们都忙于工作，个人交际时间较少，在这种生活节奏非常快的情况下，人们更愿意花一些碎片时间来观看微电影而非院线电影。

此外，抖音、快手等短视频平台的出现也为观众提供了多元化的选择，改变了传统你播我看的固定模式。新媒体平台的优势使得微电影传播速度非常快，为了达到供需平衡，微电影的制作周期必须缩短。

（三）投资少

一部微电影的投资大多在几万元以内，投资少会吸引大量的电影爱好者投入微电影的创作之中。相比于传统电影动辄上千万、上亿的资金投入，几万元的投入对于投资者来说相对较少。此外，微电影对器材要求低，不需要专业的摄像机，往往仅用一部手机即可创作出具有完美创意且叙事完整、故事线清晰的短片。

正因为有以上三个本质特征，微电影行业诞生了大量素人导演、素人演员，也有很多专业演员投入微电影的摄制中。在此背景下，大量网络微电影脱颖而出，各系列微电影量产，渗透到人们的日常生活中。

微电影作为新兴事物，从制作到发行播出都是基于网络平台。与院线电影相比，微电影有更宽松的创作空间，易于新锐导演和演员电影理念和自我价值的实现。由此，更多有志于电影创作的人获得了展现自我的机会，他们通过微电影积累经验，从而进一步走向院线电影的创作，推动中国电影繁荣发展。

三、微电影的创作方法与技巧

（一）微电影剧本的题材与主题

1. 题材：扎根现实，共情观众

微电影自诞生起，接地气就是它甩不掉的标签。正是因为更接近生活、接近观众，这一类型的影片才能在文化市场上脱颖而出。因此好的微电影选取的一定是扎根于现实之中、能够让观众共情的故事。

总的来说，微电影的题材大致可以分为三个方面：一是对生活故事的观察和改编；二是对社会现象的重现和反映；三是对创意概念的表达和输出。下面以优秀的微电影为案例进行具体阐述。

（1）基于真实生活故事的改编。

微电影的创意大多来自生活，可以说现实生活是微电影取之不尽的素材库。创作者对生活进行细致入微的观察，再融入自己的实际感受，这样创作出来的作品就很容易打动观众。在这一层面上，创作者只是一个描述者——我把我能看到的东西展现给你。这样观众与创作者之间的天然隔阂也就不复存在。

2010年的微电影《老男孩》全网点击量破亿，成为当年的现象级作品之一，连带着《老男孩》这首歌也一夜爆火。这部微电影之所以能爆火，正是因为对现实生活和真实人物观察入微。两位主人公几乎没有任何异于常人的特点，他们似乎跟每一个观众一样，平凡而普通地追求着自己的梦想。而"老男孩"的故事，看似主角是荧幕上的两个人，但又可能是每一个人，也正是这样极具普遍性的、贴近现实的人设和故事，才能真正打动人心，精准击中那个时代的痛点，引发普通大众的共鸣。

（2）基于社会现象的细节表达。

微电影有时候更像是一个窗口，一个了解时代和社会现状的窗口。无数的创作者将他们对时代、对社会的感受，细腻而真实地表达出来，成就了一部部质朴而真诚的作品。

互联网时代，人们更容易通过网络去关注、去了解这个社会。因此一些热点社会事件很容易通过网络发酵，而这恰恰是微电影创作者的契机。在微电影《三分钟》中，导演陈可辛将自己对社会现象的观察浓缩到短短7分钟的短片之中。因为小姨对儿子说，如果不会背诵口诀表就无法上镇子里的小学，也就见不到妈妈。于是，母子见面之时儿子开始背诵乘法口诀，也就在这一刻，观众无论代入母亲还是儿子，都很容易被那种溢于言表的亲情所打动。这个细节明显来源于生活，因此显得不刻意、不煽情，但真实感人。

（3）基于创意概念的价值输出。

除了现实题材以外，还有不少创作者选取了别出心裁的题材来进行价值输出。这种类型的微电影往往会围绕一个创意来进行故事的架构，最后通过出人意料的画面、场景，或者是反转结局来完成表达。

2008年的一部国外微电影《黑洞》是其中的佼佼者。影片讲述了一个办公室职员偶然打印出了一张白纸，上面有一个可以穿透一切的黑洞，职员先是用它穿过自动贩卖机取出食物，继而马上想到可以用黑洞去取出保险柜里的现金，最后他被困在保险柜里再也出不来。这个创意就是在讽刺人类的贪欲。

2. 主题：丰富多彩，满足各类人群需求

微电影篇幅短、节奏紧凑，往往是主题先行。微电影的主题通常是一个时期内大众心理和主流社会文化的映射。针对不同人群，微电影也展现出了丰富多彩的表现方式。

（1）主流价值的凸显。

主旋律和主流价值观一直是文化市场不可忽视的一种价值输出。不同于只输出国家主流价值观的传统主旋律作品，在更加注重个人表达的今天，微电影往往还会融入个人化元素和大众化思考。

例如，战争题材微电影《不朽》，以独特的穿越式的视角呈现了一个抗拒战争、害怕死亡的战士的成长过程。由于目睹爱人的惨死，主人公变成了一个渴望复仇、不畏牺牲的英勇战士。导演通过采用在战争题材中加入爱情元素的方法，让主人公的内心情感和人物形象更加丰富，更加能打动观众；同时也表达了反对战争、热爱和平的美好愿景。

又如，公益题材微电影《禁毒》，通过展现一个普通卧底警察所面对的重重困境，塑造了一个平凡而伟大的禁毒警察形象。作品并没有大力刻画禁毒警察的优秀品质和能力，只是讲述了主人公为了完成任务，遭到朋友的责骂和女友的抛弃，经历磨难后最终成功完成任务的故事。这样的故事呈现方式，更能让观众领悟到禁毒的必要和幸福生活的来之不易。

（2）精英文化的需求。

影视作品有商业性的追求，但也从不缺乏艺术性的表达。许多经典电影之所以经久不衰，正是由于其深刻的思想主题。由于微电影具有成本低、传播快的特性，与传统电影相比，它更适合精英文化的输出。

微电影《车四十四》中，导演用一个近乎残忍的故事，批判了当今社会人情冷漠、社会凝聚力丧失的问题。一车人目睹歹徒强奸女司机却无动于衷，男主人公好心帮忙却无济于事，最后反被女司机赶下车，而女司机带着一车人赴死的结局，更是让人唏嘘不已。这其中既有恩仇必报的快意，又有对逝去生命的惋惜。

微电影《空巢老人》揭露了作为边缘人群的空巢老人的现状。影片讲述了一个空巢老人被儿媳赶出家门，他在无依无靠之时准备自杀，又突然收到意外来信，找到了归宿的他正在高兴的时候，却又遭遇车祸。老人的遭遇让人感慨，同时也让人将视线转移到了整个空巢老人群体上。他们是社会边缘人群，是少有人提及和关注的弱势群体，但他们面临的生活困难又是实实在在存在的问题。

（3）大众心理的反映。

微电影诞生的时代正是个人觉醒的时代。开放包容的网络平台让个人的表达欲望空前强烈，而能引起多数人共鸣、反映大众心理的微电影在这个时期的影视作品中占据了重要位置。

微电影《青春期》讲述了一男一女两个青春期学生的故事，体现了新时代青少年的价值追求。两人一个是问题少女，一个是宅男，都不是传统意义上的好学生。但是，影片通过对两人内心世界的刻画和成长轨迹的展现，肯定了他们积极向上的价值观和人性中的闪光点。

微电影《父亲》讲述了一个重组家庭中的爱与理解。影片中的继女对父亲的态度从抗拒到认同，最后终于理解了继父的爱也是父爱。这类关注家庭伦理情感的作品，也是大众文化中不可缺失的一部分。

（二）微电影剧本的人物形象设定

1. 年轻化

在互联网时代，网民主体始终是引领潮流的年轻群体。仅仅针对微电影这一形式而言，从生产者到消费者都呈现出年轻化的态势。因此除了某些限定题材的作品之外，大多数作品中的人物形象都呈现出年轻化的特点。

微电影作为一种商业产品，无论是迎合市场的需求，还是迎合受众的心理，人物形象的年轻化都是不可避免的趋势。

2. 大众化

微电影中人物形象的大众化表现为将主人公刻画成日常生活中我们熟悉的形象，如学生、老师、父母、白领、工人等，这些呈现在荧幕上的人物形象与我们日常见到的没什么区别，这些人物就是我们生活的真实写照。观众在看到这些人物形象时，会感到亲切而真实，更能代入自己的情感。

3. 扁平化

微电影受到时长和篇幅的限制，主题和内容都趋于简单，人物形象也趋于扁平化。人物性格的表现依赖于故事冲突的建构，故事篇幅的短小也就决定了人物不能过于复杂。一部微电影往往只能选取主人公某一方面的性格特征进行刻画，如勤劳、善良、胆小、卑鄙等特征，只能选取一个作为人物的性格标签，一方面是容易刻画，另一方面是容易突出人物特点。想让观众在短时间内记住一个角色，一个简单而明显的性格标签就是最好的助力。

（三）微电影的叙事结构与情节

1. 微电影的叙事结构：凸显高潮，结构紧凑

（1）凸显高潮。

微电影的"微"既是劣势也是优势。劣势在于篇幅短小，没有空间铺陈

人物成长轨迹和故事场面，而优势在于它可以利用突出的重点内容，牢牢抓住观众的眼球。如微电影《一触即发》中，主人公通过短短几句话就向观众描绘了一个生死攸关的紧张场景，将观众快速拉进了故事。整部影片中，主人公与敌人生死搏斗的激烈场景贯穿始终，高潮迭起，几乎没有留给观众休息的时间。在极短的时间内，导演通过高潮剧情的集中呈现，带给了观众最佳的观影体验。

（2）结构紧凑。

优秀的叙事节奏是一部作品不可或缺的重要部分。与传统电影的叙事节奏不同的是，微电影需要通过对故事结构的调整和剪辑的恰当运用，让故事呈现出紧凑而不拖沓的节奏。

结构紧凑意味着，一要加快节奏，减少无效画面的出现；二要浓缩故事的精华，确保每个镜头都对观众保持足够的吸引力。微电影制作周期短、成本低，同时又在网络平台上播放，一旦故事节奏拖沓，或是画面无法保持吸引力，观众随时能够中止播放，选择其他作品进行观看。因此，保持紧凑的结构是微电影生命力的保障。

2. 微电影的情节：设置悬念，紧扣主题

创作者让故事保持吸引力的诀窍就是设置悬念，微电影同样如此。著名导演希区柯克有一个"炸弹理论"，形象地说明了悬念对故事的影响。他认为故事的开场需要告诉观众有一个炸弹，而主人公能否在规定时间内解除炸弹、拯救其他人就成了一个悬念。这个炸弹自然不必是真的炸弹，它可以是一个有时间限制的紧急任务，也可以是一个主人公极力想要达成的目标。无论主动还是被动，主角都会保持动力，去推动故事发展。

丹麦微电影《9米》中，主人公面临的就是这样一个任务：他的母亲成了植物人，而他坚信只要自己跳远跳到9米，母亲就会有反应。于是他为了达成这个目标，日复一日地刻苦训练。这时候父亲已经决定放弃治疗了，那么主人公能否在告别来临之前完成目标呢？这个悬念会让故事牢牢吸引着观众，让观众始终对故事有所期待。

在保持悬念的同时，有限的场景和镜头都要为主题服务，以便让叙事更加集中和紧凑。如法国微电影《调音师》的开头设置了一个主人公身处险境的悬念，而后采用倒叙的手法讲述主人公的过往。这些过往并不与主题脱节，都是在告诉你主人公为何会走到今天这个地步，也让观众加深对主角的了解。最后，回到险境，呼应开头，却始终不告诉你主人公到底有没有成功逃脱。在保持悬念的同时，所有的情节都为同一主题服务，这部微电影是一部非常优秀的叙事作品。

四、微电影案例解析

（一）剧情简介

大山坳的篮球梦

《大山坳的篮球梦》创作于2017年，影片通过讲述一个山村支教教师的故事，展示了山村教师无私奉献、心怀大爱的博大情怀，以及孩子们为梦想不懈拼搏的精神。

《大山坳的篮球梦》是国内第一部讲述小学女生关于篮球梦想的微电影。电影展现了农村孩子对梦想的坚持和对知识的渴盼，以及农村教育资源相对缺乏，体、音、美等艺术类老师严重缺乏的社会现状，由此呼吁社会上更多机构和人员携起手来，给予农村教育行业更多的关注和支持。此外，电影也试图说明支教这一公益活动的意义，即支教给孩子们带去的不仅仅是知识文化，更是对生活和未来的希望。

在电影中，男主角是一个来到农村支教的体育老师，是理想主义的化身。他一腔热血地来到这里，想要改变一些什么，却发现困难重重。女主角则是农村现实的映射，她敢打敢拼、不惧艰险，凭借一份对篮球的热爱和执着，实现了梦想。虽然身处的环境并不优越，但她并不抱怨，而是通过自己的努力去改变现状。影片描述了他们在追求梦想的过程中所遇到的种种挫折。想要成立篮球队，人员是问题，资金是问题，场地也是问题，最后还要面临上级和家长的反对。当矛盾集中爆发的时候，也正是主人公信念最容易崩塌的时候。等他们挺过去之后，前路也并非一帆风顺，他们面临的是条件比他们好得多的对手。他们能否凭借努力和热爱打败对手，正是影片最后的悬念。

结合剧本片段，我们对《大山坳的篮球梦》进行分析。

（二）影片海报

影片海报如图 4-4 所示。

图 4-4　影片海报

（三）剧本解析

1. 曲靖家的院子　日

曲靖妈妈：谢谢你啊，林老师，不过俺家曲靖不是那块料。

林老师：不能这么说啊。曲靖是我们校队里最有天赋的。您可能不知道，她在队里是绝对的主力。

曲靖妈妈：打球是城里有钱的人玩的，咱家也没那个条件。三天两头当病号，都不像个女娃了。

林老师：这您就不知道了，球打得好，那是能当体育特长生的，将来能上市一中……

曲靖妈妈：咱们女娃儿家，上几年学，能识几个字已经不错了。你说她还能上出个啥名堂？咱还能上大学？

第四章 剧情类网络视听节目的创作

林老师：那有什么不可能的呢？

曲靖妈妈：不是我说，你说就算上出来，那又能干啥。现在我跟她爸爸在深圳打工，一个月算起来能赚六七千，就算她跟你一样学出来了，你一个月才挣几多钱？

林老师：……

曲靖妈妈：再说了，（长停顿）女娃儿，到最后还是要嫁人的。

解析：开篇设置悬念，学生家长极力反对孩子加入篮球队，林老师会如何处理呢？

2. 曲靖家灶房　日

曲靖一个人坐在灶台角落，把手里的软草揉成一个篮球大小的草团。听到林老师被妈妈送走，曲靖看着空空的门口，双手向外托着揉成球的草团，做出传球的姿势，草团离开她的手就散作一片，纷纷落到地上。

解析：这里没有曲靖的对白，却通过这一系列动作，表达了她对篮球的喜爱，还有此刻的失望。

3. 团圆小学操场　日

林老师正和四个学生一起做上篮训练，训练间隙，李梦一边拍着球，一边问林老师。

李梦：老师，曲靖真的不来了吗？咱们差一个人怎么打啊？

林老师：你们专心训练，别的事就……

话没说完，这时校门边一个女生和一个男生打起架来，引起一群学生围观，林老师看过去，球队的孩子们议论起来。

平华：五年级那个覃超锋又打架了吧。

李梦：又是她！赵校长又得叫她家长来了。

平华：嘘，别让她听见。她爸妈都死了，谁说她打谁。

林老师听着她们的议论，胳膊夹着篮球，走到打架的学生面前，拉开了打架的女孩子，打架的男孩子也被其他同学拉到一边。

林老师：停，都不准打了。你个女孩子，像什么样子。你也先回去……（对男孩子说）

男孩子鼻子冒着鼻涕泡，十分委屈又有点害怕地转头走开，刚走出几步，覃超锋就夺过林老师胳膊和侧腰间夹着的篮球，猛地朝他扔过去。球正中男孩子的头，他转过头，眼泪都噙在眼里。林老师有点生气，把覃超锋用手挡在身后。

　　林老师：嗨，你没完了！

　　林老师示意男孩子离开，一边领着覃超锋走进校园。

　　解析：短短一个场景，一个天不怕地不怕的"女汉子"形象鲜活起来。

4. 团圆小学办公室外　日

　　覃超锋背靠着墙，百无聊赖地站在办公室的门口，循声把目光投向了操场上几个做传球训练的学生。

　　解析：覃超锋也是喜爱篮球的。

5. 团圆小学办公室　日

　　赵校长一边写着学校的文件，一边和坐在桌前的林老师交谈。

　　林老师：您是说她之前打过篮球？

　　赵校长：嗯，四年级的时候打过，那时候你还没来咱们学校。

　　林老师：哦。

　　赵校长听到林老师的口气，停了笔，抬头望着林老师。

　　赵校长：小林，别说我没提醒你，我知道你想干啥。你想把她选进你们篮球队，是不是？

　　林老师：咱队里曲靖不是来不了嘛，球队刚好缺一个人。您看行吗？

　　赵校长：我是怕把你的球队搞出事。万一闹出什么事，那不就不好看了吗？这个娃儿，她家长在外面打工出了事故，打那开始，她越来越不好管，软硬不吃，犟得很。

　　林老师：赵校长，咱不是要多看学生的长处吗？

　　赵校长：你去找她奶奶说吧，家长同意，我没意见。不过你要想好，搞篮球队，咱学校哪有那个钱，你这几个月的生活费都贴进去了吧，你就打算一直往里贴？

　　林老师：这能花多少钱？

　　林老师点头谢过校长，就转身往办公室外走。赵校长叹了口气，补了一句。

赵校长：你说你这么折腾，你图个啥啊？

林老师转头微笑，没说话，走出了校长办公室。

解析：影片将林老师的努力、坚持和校长的不理解都告诉了观众，篮球队能否组建成功呢？

6. 团圆小学操场　日

篮球在地上跳动，林老师把正在训练的平华叫到一旁。

林老师：李梦怎么今天没来？

平华：听说她妈要带她去城里上学。

运球的覃超锋驻足准备投篮，被突然出现的平华抢走了球。投球不成的覃超锋看着微笑着的平华，上前一步把平华推倒在地。平华一脸惊诧，一旁的林老师吹响了哨子，一脸不解地上前来。

林老师：覃超锋，你这是干什么？

覃超锋：我这个球肯定能进！

林老师：肯定能进就不会被平华拦下来。

覃超锋：……

林老师：你以为到了比赛上，你的对手都得给你让路，让你进球吗？现在训练，你的队友防得越好，将来你在场上，就越不怕对手的布防，你想想，是不是觉得应该感谢平华！

曲靖妈妈：我看，是一颗老鼠屎坏一锅汤。

曲靖妈妈领着受伤的曲靖站在篮球场旁，队员们和林老师都把眼光投向了这母女俩。

曲靖妈妈：你们这是打球还是打人啊？看把我家孩子打的！

曲靖拉了拉妈妈的衣袖。

林老师：对不起，对不起，小孩子不懂事……

这个时候，李梦妈妈的喊叫声打断了他的话。

李梦妈妈：你是林老师吧？我们李梦要转学，麻烦你把她的学籍给我们吧。

林老师：大姐，这转学拿学籍的事情要找校长……

李梦妈妈：校长不在，你不是一样吗？

林老师：我哪能管学籍啊？

曲靖妈妈：哎，林老师，你还管不管我们曲靖了啊！

林老师：没说不管啊！

李梦妈妈：你能管她们，怎么就不能管我们家李梦？

林老师：您等校长开会回来……

曲靖妈妈：我们曲靖这事就找你了……

李梦妈妈：我们今天就要进城了，等不了……

林老师：我肯定会教育她们的……

李梦妈妈：我们转学是大事，等不了校长……

曲靖妈妈：你今天一定得教训教训那个打我们曲靖的！

林老师：这个校长不在我真的管不了……

曲靖妈妈：你这个老师怎么还向着坏学生，我告诉你，要是你们不给个说法，我们今天就不走了！你这个老师也别想教了！

曲靖妈妈说着，就朝着纯木质的篮球架猛地一踢，篮架开始吱吱呀呀地晃动。听到吱吱呀呀的声音，大家终于停止了吵嚷，都看着这个摇摇欲坠的篮球架。

林老师：大家快躲开！

篮球架轰然倒下来，林老师一把抓住愣在旁边的李梦，躲开了倒下来的篮球架，篮板被摔了个稀巴烂。整个篮球场都安静下来。

解析：两位家长的争吵和篮球架的倒塌让矛盾集中爆发，缺钱、缺人、没有场地、外界的不理解，都成了林老师面临的阻力，篮球队还能继续办下去吗？

7. 林老师办公室 夜

林老师在一件一件地向孩子们分发球衣，没发到球衣的摩拳擦掌，发到球衣的爱不释手地把球衣在自己的身上比画，和旁边的伙伴们静声讨论。

林老师：曲靖，你是11号。你是中锋，你知道世界上最著名的11号是谁吗？

曲靖：我只知道姚明。

林老师：对，就是姚明，在队伍里面他最高，站在篮板下面就像定海神针，进攻防守，都要冲在第一线。

曲靖领了球衣,退回队里,孩子们都看着球衣上的11号,小声讨论着姚明。

林老师:沈平华,你是23号。你是得分后卫,你知道世界上最著名的23号是谁吗?

平华:不知道。

林老师:乔丹。

平华:哇!

平华发出惊叹的声音,同时看着球衣上的23号,好像在放金光,身旁的小伙伴们也露出羡慕的神情。

林老师:覃超锋,你是32号,美国NBA的约翰逊传球出神入化,他是球队的灵魂,就像进攻的发动机。陈佳佳,你是1号,麦迪是美国火箭队的小前锋,他是球队的得分王。张甜,你是21号,邓肯是球队的大前锋,他是球队的重型武器,永远出现在最紧要的时刻。

覃超锋:老师,你为啥子喜欢篮球嘛?

林老师:因为……每次我一进球,总感觉好像干成了一件特别大的事儿,那种感觉,就好像是……

覃超锋:梦想成真。

林老师:哈哈,对。篮球没有长眼睛,不管你是男的还是女的,不管你出生在大城市还是山村,不管你穿什么衣服,穿什么鞋子,不管你的爸爸妈妈是开厂的还是打工的,你都能感觉到那种把梦想攥在手里的感觉。你想要的就在那个篮筐里,一场比赛,40分钟,你要学会独自一个人面对对手的挑战,也要学会信任你的队友,你可能会打得对手落花流水,也可能会被对手打倒在地,但是在比赛最后一秒结束之前,没有人会赢也没有人会输。就算比赛最后输了,只要你愿意,永远有下一个40分钟,给你一样公平的机会,让你可以把输掉的球再赢回来。只要你不放弃,它就永远会给你希望。

孩子们聚精会神地听着林老师的话,覃超锋低头看了看自己的球衣,又向林老师投去坚定的眼神。

解析:林老师对孩子们的谆谆教诲,正是支教活动能为农村孩子带来的改变,也是对主题的强调。

8. 市体育馆 日

广播里传来播音员的声音："梦想杯全国青少年篮球大赛湖北区分组淘汰赛，恩施赛区第一场即将开始，现在在场上准备比赛的是恩施市第一小学对利川市柏杨镇团圆小学。"覃超锋和平华站在一起，眼睛盯着对面恩施市第一小学正在准备上场的队员。恩施市第一小学的队员穿着整齐划一的白色球衣、崭新的耐克篮球鞋，有的球员手臂上还佩戴着护腕。陈佳佳把手臂上缠着的毛巾取了下来，平华有些胆怯地退了一步。

覃超锋：都是花架子，糊弄人的。

说完，她转身离开做赛前准备。哨声吹响，裁判开球，覃超锋和对方一名中锋对立而战，准备抢球。球丢到半空中，被覃超锋双手抢得，她看到前半场的平华有一个空挡无人防守，便迅速把球传到了平华手里。平华接球并运球转身，对方组织后卫立刻挡在了她的身前，平华被对方的速度吓了一跳，想突破却没有机会，平华运球过程中，球砸到了自己的脚上，被对方的得分后卫抢到并带到了篮下，对方上篮时，球刚脱手就被一只大手狠狠盖了帽，球在中场弹了一下，在前半场出了界，对方球员和现场围观队伍发出了惊讶的声音，成功"盖帽"的覃超锋大喝一声。在对方准备发球的短暂空挡，覃超锋和平华照了面，覃超锋平静地看了平华一眼。

覃超锋：你怕个啥子？

对方前锋开球，传了两手球，在传第三手的时候，覃超锋神跑位，把球控在自己手里。因为此前的"盖帽"，对方队员的注意力都集中在覃超锋的身上，于是身高没有优势的平华身边再次出现了空挡，覃超锋一咬嘴唇，利用人群的缝隙，再次把球传给平华，平华转身立刻上篮，得分。队友们互相捶着肩膀庆祝，然后准备接下来的战斗。操场边的比分牌被翻动，变成0∶2。

覃超锋正在篮下运着球，对方的中锋展开长长的双臂，像一堵墙一样挡在她和篮板中间。她试着突破了两次，都无法得到好的机会，这时她听到侧前方一个声音"这里"，是本队的中锋曲靖跑到了一个比较有利的位置。覃超锋迅速把球传给曲靖，曲靖晃过几个对手上篮，却未能进球，对方前锋阻挡覃超锋，抢到篮板，急速反击，到三分线时猛地一停，晃过了急于回防的平华和陈佳佳，一记投球，正中篮筐。哨声吹响，比分牌变成了3∶2。

林老师在场边一边拍手鼓劲，一边大喊。

林老师：没事，放松，才刚开始！

几度争抢，几度投篮，比分牌此消彼长地被翻成了12∶8，哨声吹响，第一节结束，覃超锋和队友下场的时候，听到了对方队员的对话。

队员甲：还敢穿23号、11号。

队员乙：乡巴佬，估计连乔丹是谁都不知道……

覃超锋听着，一边继续往前走，一边闭上了双眼，深吸了一口气。

覃超锋和队友在场边短暂休息，林老师在旁边给他们部署战术。

林老师：大家要小心那个6号中锋，遇到篮板，大家要帮着超锋防着一点……

林老师走开，覃超锋和伙伴搭着肩膀抱成一圈。

覃超锋：嘿，往死里打，刚刚我听见，她们骂我们是乡巴佬……

抱成圈的队员们大喊一声加油，散开，走向赛场。比赛开始，覃超锋和队员们电光火石般地连进三球。赛场边的林老师一边喝彩，一边露出一丝担忧。

几度争抢，几度投篮，比分牌变成了31∶31，对方的中锋以绝对身高优势又得2分，比分变成了33∶31。裁判吹响了暂停哨，队员们向林老师围过去。

林老师：还有30秒，大家下面接到球，就给覃超锋。

覃超锋：对方那个6号不好搞，我……我打不过……

林老师：她已经犯了四次规了。

覃超锋：哦。

队员们再次走向赛场，前锋发球，直接传给覃超锋，覃超锋晃过两个防守队员到达篮下，对方中锋即时赶到，挡住覃超锋的去路，覃超锋双手拿球准备上篮，却牢牢不让球脱手，果然，对方中锋一掌打下来，刮着覃超锋的手和手臂，劈到了覃超锋的脸上。覃超锋倒地，裁判吹响犯规哨，此时剩余时间24秒。对方中锋被罚下，覃超锋站在罚球线前，运了两下球，第一罚，进球，比分牌变成33∶32。第二罚，球刚脱手……

覃超锋：嗤！

球弹在篮筐上，没进。覃超锋深吐一口气，赶紧一边赶到场边准备接下来的比赛，一边甩着自己刚刚投篮的右手。

前锋开球，球在对方的队员手中传来传去，对方并不急着进攻，覃超锋和队友没有机会，平华试图战术犯规，也没有占到便宜。当时间剩下 5 秒的时候，对方一个得分后卫突然一记远投，球触框没进，覃超锋跑位抢到篮板，开始往前半场跑，一边跑，一边喘着气、数着秒。三、二、一，倒计时的时钟已经跳到了一，覃超锋刚跑到前半场，在最后一秒用力一抛，球刚刚脱手，覃超锋的目光还跟随着球在空中运动的轨迹，就被迅速赶来的两名对方队员撞倒在地。

解析：这场球赛是整部影片的高潮。双方装备的对比，还有对手赛前的嘲讽，都有一种欲扬先抑的感觉，让最后反超比分的过程充满热血，也将观众的情绪推向高潮。

第五节　网络动画片的创作

一、网络动画片的概述

网络动画片是指根据互联网特点制作，以互联网为主要发行和传播渠道的动画作品。网络动画片题材丰富，单集时长短，叙事多样，内容上充满想象力，画面上追求奇特的视觉体验，一般以青少年为主要观看对象。早期的网络动画片制作手段比较简单，大都没有特别完整的故事情节。随着视频网站的兴起，逐渐涌现了很多制作精良的动画作品，网络动画产业呈现蓬勃发展趋势。

我国网络动画片从诞生到发展，经历了懵懂的萌芽期、艰难的探索期，最终找到了适应中国市场、体现中国特色的新媒体动画产业发展道路。随着新媒体和互联网技术的高速发展，以及新媒体盈利模式渐趋成熟，我国网络动画片将迎来发展的黄金时刻。

（一）第一阶段：萌芽期

我国网络动画片的出现和互联网的出现并不是同步的，它比互联网晚了整整8年。1999年，随着Flash动画作品出现，我国动画爱好者在网络上兴起了用Flash软件制作动画的热潮。早期网络动画以MTV为主，主要用一些简单的动画画面配上当下流行的歌曲，颇有些自娱自乐的味道。

1999年到2000年，随着大型的Flash视频网站"闪客帝国"的成立，大批Flash动画如雨后春笋般出现，网络动画片迎来了第一次繁荣期。2002年左右，一批独立的动画创作者们借助"闪客帝国"的平台和网民的追捧成长起来，比如老蒋、小小、皮三等"闪客帝国"的知名作者，他们是真正的初代互联网网红，也代表了中国最早的独立动画的产生。他们的动画作品大都比较新颖，充满了个性和鲜活的生命力，如图4-5所示的《新长征路上的摇滚》。

图4-5 《新长征路上的摇滚》

这一时期由于互联网还处于发展初期，网民的数量比较少，网络动画片的发展也有很大的局限性，其主要受众是普通网民与动画爱好者，创作主体以个人为主，很大一部分属于自娱自乐型，产量不高也不稳定。此外，大部分网络动画网站没有形成产品直接盈利的模式，也没有发展动画品牌，投入较多却没有产出，无法创造出更多的衍生价值，导致产业难以为继。

（二）第二阶段：艰难发展期

互联网的普及和网速的提高方便了网民使用网络观看视频。然而在国内视频网站上,大部分的视频资源都是由以前的电视影像转换而来的,真正具有原创性、技术性的动画作品寥寥无几。同时,从国外引进的大量新型的趣味动画作品迅速抢占了国内动画市场,造成我国本土原创的动画网站几乎无人问津。

2005年以来,土豆网、56网、PPTV、PPS等视频网站蜂拥出现,一些动画爱好者和动画院校学生陆续把自己的动画作品上传到相关视频网站,引起了网民和视频网站的关注。为了鼓励原创,一些视频网站相继通过举办动画作品征集活动来发现优秀的动画作品。比如2009年的哑声动画短片《打,打个大西瓜》,以反战为题材,画风诙谐,风格独特,甚至火到了国外,3年间囊括了中外27个大小奖项,如图4-6所示。

图4-6 《打,打个大西瓜》

之后,伴随社交网络而生的"表情动画"给网络动画带来了转机,很多动画工作室开始创作表情图和GIF动画,比如"阿狸""兔斯基"等通过社交网络的快速传播,很快赢得了大批网民的喜爱,并从线上火到了线下,产生了很多衍生产品。随后国家相继出台《关于推动我国动漫产业发展的若干意见》和《国家"十一五"时期文化发展规划纲要》,进一步提出加快发展民族动画产业,使得网络动画艰难发展的状况得到了改善。

这一时期网络动画的受众以动画爱好者居多,受众群体呈现细分化趋势;动画作品在制作手段和形式上有了很大提升,但大都是动画院校学生创作,质量参差不齐。由于互联网发展渐趋完善,网站逐渐找到了自己的定位和盈利模式，同时，视频网站的快速发展为网络动画市场的发展提供了资源和技术支持。此外，随着动画制作软件的普及，网络动画行业吸引了更多业余动画爱好者参与到动画片的创作中。

（三）第三阶段：突破期

随着有妖气、腾讯动漫、A站、B站、酷米、淘米等国内原创动画网站的快速发展，我国网络动画拥有了更加宽阔的平台和更多的机会。这些网站大都通过采购国内外正版动画片和动画片创作者投稿的方式储备内容，成为更符合青年生活习惯、审美诉求的内容平台，越来越受到网民的青睐。国家对原创动画产业给予了大力支持，很多动画制作公司开始重视互联网新媒体动画，并开始为视频网站量身打造网络动画内容，直接在互联网上经营各种动画品牌。

比如，原创3D网络动画《我叫MT》，其原型是著名网络游戏《魔兽世界》。这部动画片是由一群游戏动画爱好者共同打造的，最开始只有一集5分钟的短片，后来由于受到广大游戏玩家的大力追捧，连续推出了6季，长达60集，之后又产生了很多周边产品，被众多网友冠以"国产动画新光芒"的称号。这部作品从制作到走红，再到产业链的完善，速度极快，完全打破了传统的商业动画合作模式，为中国网络动画产业的商业化发展注入了新的活力。见图4-7。

图4-7 《我叫MT》

这一时期，互联网电子商务快速发展，网络动画的制作逐渐形成了分工合作、利益共享的合作模式，此外，公众网络版权保护意识的提升也进一步促进了网络动画产业的发展。网络动画的题材更加丰富，内容更加具有观赏性，受众规模也扩大了很多，特别是吸引了大批"80后"动画爱好者，他们也是我国第一批从小接触动画文化的青年人。网络动画的创作主体不再是个人或者动画爱好者，而是以有规模有组织的专业人士为主。成功的营销案例、专业的策划人才和强大的资本介入，使得网络动画迈入产业化发展阶段。

（四）第四阶段：成熟期

《中国动漫产业发展报告（2012）》显示，2012年全国动画产量首次出现了下降，而互联网新媒体动画却出现了强劲增长。很多视频网站陆续推出了自己的原创动画系列短片，比如有妖气网站推出的《十万个冷笑话》，每月仅发布一集，总点击量破2亿，走出了IP联动开发的第一步。其引发的全民互动成功激起了资本对网络动画的兴趣，各平台开始正视二次元文化受众的巨大开发空间。至此，网络动画正式迎来平台主导的发展期。

此外，随着互联网和计算机技术的飞速发展，新媒体终端在2010年之后逐渐向移动互联网转移。移动客户端开始成为很多网络动画制作公司的主攻方向，且逐渐衍生出"微动画"这样的新概念。"微动画"这种介于动画与漫画之间的表现形式，简洁、夸张、信息量大、观看方便，非常适合当下人们快节奏的生活，在移动互联网上被很多用户所追捧。

这一时期，网络视听产业繁荣发展，5G技术的应用和短视频平台的崛起等让网络动画如鱼得水，找到了更加成熟、更有潜力、更具可持续性发展的路径。网络动画的受众范围也非常广泛，主要集中在新一代的年轻群体，其制作者以专业公司和工作室为主，视频网站成为主要投资商。整个网络动画产业趋于成熟，盈利模式趋于清晰。

现如今，随着相关部门对动画产业政策的调整，网络动画无论是在数量还是质量上都有了很大突破，特别是在融合中国传统文化、挖掘中国元素、弘扬中国精神方面有了更多尝试。据统计，2020年中国国产动画片上新数量达114

部，较 2019 年增加了 10 部，同比增长 9.6%。2020 年《斗罗大陆》《全职高手》等优质动画内容涌现，国产动画片成人市场呈现新气象。2016—2020 年国产动画片上新数据如图 4-8 所示。

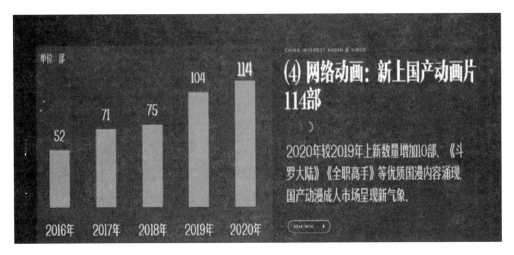

图 4-8　2016—2020 年国产动画片上新数据

二、网络动画片的特点

网络动画片是伴随着网络媒介的发生、发展、成熟、演进而逐渐成熟的。早期的原创网络动画片由于受到网络技术和硬件设备的限制，以线条简单、色彩简洁的 Flash 动画为主。但随着互联网技术的进步和普及，网络动画片的传播载体和途径逐渐由单一走向多元，网络动画变得更加多样化、创新化，并形成了相当规模的产业和市场需求，为网络视听节目的繁荣发展注入了新的活力。

（一）题材多样化

随着网络视听节目的繁荣发展，网络动画片也有了新的突破，更加注重与中华优秀文化相融合。其题材多种多样，故事变化多端，内容大都比较轻松，整体时间比较短，节奏比较快。现如今在新技术的推动下，网络动画片出现了更加细化的分类，比如少儿、历史、情感、悬疑、科幻、生活、热血、搞笑、动作、战争等分类，内容紧密结合时代气息，丰富多彩，整体多呈现出娱乐性，但更加注意主观情感的表达。

（二）表达碎片化

受到互联网传播速度快、信息量丰富、热点周期短等影响，网络动画片在表达上更显"碎片化"，通常以较短的篇幅表现生活中的某一瞬间，并将矛盾冲突聚焦在一点，以夸张的形式语言表现出动画艺术所特有的幽默和趣味性，进而烘托主题，迅速将观众带入影片的主要情节中。因此，网络动画片的情节点相比传统动画而言会更靠前，旨在以最快的速度使观众对故事产生兴趣，吸引观众的注意力。

（三）技术多元化

传统的动画技术包括手绘动画、定格动画、二维动画软件Flash等动画制作方式，早期的原创网络动画以线条简单、色彩简洁的Flash动画为主。随着数字技术的快速发展，VR动画、二维动画软件Animate和After Effects、三维软件CAD等得到了广泛应用。特别是数字媒体技术和动画设计的全新融合，可以将各种动画创意和思想表现得更加清晰和真实，让人们在虚拟现实技术中享受"沉浸式"的动画体验，进一步推动网络动画片的技术升级和价值传播。

（四）受众扩大化

互联网发展初期，网民数量比较少，网络动画片的受众也主要集中在动画爱好者和制作者。后期，随着互联网环境的改变和技术的提升，网络动画片的受众由动画爱好者和制作者逐步扩散到广大网络用户。如今，网络动画片的受众以青少年为主，并覆盖了各个年龄层次。此外，由于网络动画片在题材和内容上不断丰富，在制作手段和技术上愈发先进，也进一步满足了不同群体的动画观赏需求。

（五）传播透明化

新媒体时代，网络动画片借助网络传播，具有更快的传播速度和更广的传播范围，整个传播过程充分体现了网络动画片传播的开放性、互动性和透明化。一般制作者在完成网络动画片的制作，并经相关部门和平台审核通过后，就可以将动画作品上传到网络平台供网民观赏。网民可以随时随地进行观看，并能即时反馈信息，积极对网络动画片进行监督。因此在制作网络动画片时需要保持严谨的态度，使自己的作品经得起全网人民的检验。

三、网络动画剧本的创作方法与技巧

新时期，随着互联网产业的繁荣发展以及网民素养的不断提升，人们对网络动画片也有了更高的要求和标准。一部网络动画片能否取得成功，与动画剧本的创作有着非常重大的关系。因为动画片的核心灵魂就是剧本，失去了灵魂，动画片也就失去了鲜活的生命。一部好的动画剧本应具备以下要素。

（一）题材选取有重点

好的动画片需要好的剧本，好的剧本需要好的题材和创意。在创作网络动画片的剧本时，在题材选择上要有重点和针对性，不能千篇一律。首先，我们可以深入挖掘中华优秀传统文化，很多优秀的动画片都来自中国神话故事、功夫文化、古典文学等。其次，要树立市场意识，关注社会现实和时代背景，可以针对不同群体的喜好、观影习惯和审美要求等来创作，更好地满足观众的心理需求，激发观众共鸣。此外，要充分发挥创作者丰富的想象力和逻辑思维能力，将剧本的各个情节恰当地衔接起来。

（二）主题表达要明确

主题即剧本的中心思想，主题表达是动画剧本创作的重要目标。一个剧本确定了题材之后，就要明确主题。剧本创作者需要在构思中弄清故事脉络，做到主题明确，并始终围绕这一明确的主题推动故事情节的发展，重点突出主题。这就需要创作者在丰富的素材储备中，用剧本思维对素材选样、裁剪、取舍、提炼。只有将剧本人物、情节、对话、结构等完整和谐地统一于主题思想，才能给观众带来美好的视觉体验和心灵洗礼。

（三）人物形象塑造要鲜明

人物是动画片最耀眼的商标，塑造人物形象是动画剧本的第一任务。形象鲜明的人物会对故事起着非同一般的推动作用。在剧本创作中，为了塑造人物

鲜明的性格特征，就要考虑构建符合人物性格特征的思维方式和行为方式，也就是人物独特的语言行动、风度气质、爱好习惯，以及外貌神情等。通过对人物行为动作、心理动作、语言动作等的描写以及刻画性格的艺术方法和手段的运用，展现人物的人格魅力，挖掘人物的内心世界。此外，要赋予人物独特的存在价值和生命意义，让观众看到一个个栩栩如生、活灵活现、有血有肉的动画角色。

（四）情节发展有冲突

情节发展是描写人物关系和人物行动所构成的整个故事情节的发展过程。动画片是由一个个故事情节组成的，完整的故事情节由开端、发展、高潮和结局四个部分组成。一部优秀的动画片在剧本设置上往往拥有完整的故事情节和激烈的矛盾冲突。动画剧本要紧紧围绕故事主题、人物关系、主要角色的际遇、环境等来设定故事情节和矛盾冲突，最终将故事推向高潮。这样动画片才能以戏剧性的情节引导观众，从而触动观众的内心。

网络动画剧本创作的基本步骤如下：

第一步，确立一个完整的故事，明确故事的主角，以及故事的开端、发展、高潮和结局。

第二步，将主要故事扩展成几个叙事大纲，要包括具体的细节和明确的故事发展情节。

第三步，根据每个场次列举具体的提纲，注意控制叙事的节奏和速度。

第四步，形成剧本初稿，接着是第二稿，不断完善，直到最后定稿。

一般的叙事故事由四个部分组成：

第一部分，开端引出问题，通过制造紧张的情节和氛围来吸引观众的注意力，引发观众的期待心理，进而把观众带入故事当中，激发他们探索故事的欲望。

第二部分，发展制造矛盾。带领观众了解故事的背景，引领他们进入影片虚构的世界、基调和氛围当中，并获悉影片的主要冲突和问题。这些冲突和问题应能够推动故事发展，并让观众始终为其牵肠挂肚。

第三部分，高潮进一步升华矛盾。在之前铺垫的基础上继续激发观众的好奇心，使观众在一系列错综复杂的危机、冲突和矛盾中提高期待，同时对能否解决问题表示怀疑。

第四部分，结局解决问题。结局是高潮之后的交代，有时也对次要线索做一个了结，进而消除观众的疑虑和紧张感，最终为整个故事画上一个完满的句号。

四、网络动画片案例解析

（一）剧情简介

巷食传说

网络动画片《巷食传说》是以武汉为时代背景、以美食为题材的讲述中国传统故事的动画片。《巷食传说》通过多种叙事形式和情节渲染，传达出中国传统文化的传承与革新，具有深厚的人文情怀。

故事内容丰富、主题明确，围绕一间致力于贩售中华正宗街头小吃的"巷食"小店展开，彭老板和他的猫肩负起了经营整个小店的责任。彭老板身为中华美食鼻祖"彭祖"的传人，看似平淡无奇，却对中华美食了然于心。对于他来说，美食带给人们的不仅仅是味蕾上的享受，更有着传承和弘扬中华传统文化的意义。

每个进入店内的客人都是一个鲜活的人物，对这些人物的刻画以及对他们背后的故事的呈现，拉开了每一集动画片的序幕。每个客人都能得到彭老板制作的一份街巷美食，听到彭老板娓娓道来的美食传说故事，这个故事是整个剧的核心，它有着属于自己的开端、发展、高潮和结局，还有着与美食相关联的个性化人物，通过制造各种矛盾冲突，重点介绍一道美食的由来和美食文化的发展，并进一步推动现实中食客自身故事的发展，让整部剧走向结束。

在彭老板的讲述中，在舌尖和心灵的碰撞、文化与情感的交融中，巷食小店的顾客们不仅可以品尝到美食，体验到美食传说，更激发了对自身生活的思考，以及对生命的释然和期待。本片以动画的形式引导观众了解美食背后的故事，知晓中国传统美食历史和文化，进一步感受中国传统饮食文化饱含的情感需求和美好的人文寓意。

（二）《巷食传说》海报

《巷食传说》海报如图4-9所示。

图4-9 《巷食传说》海报

（三）剧本解析

案例剧本：《巷食传说》豆皮篇。

动画角色：彭老板、飘飘、曾厚城、小厮、两位顾客。

第四章 剧情类网络视听节目的创作

静帧角色：食客甲、食客乙。

动画场景：巷子、汉口夜景、巷食小店内、通城饮食店后厨、星空。

静帧场景：通城饮食店门口。

场 1

时：夜

景：巷子、外

乌云密布的夜晚，白领飘飘走在巷子里。飘飘抱着一堆公文沮丧地走在路上，高跟鞋敲打在地面上，发出有节奏的响声。

解析：场1由飘飘这个人物拉开剧的序幕，激发了人们的好奇心。

场 2

时：夜

景：巷食小店、内

飘飘推开门，走进小店。店里有另外两个客人，大叔正在忙碌。

彭老板：欢迎光临！

飘飘将一堆公文抛在桌上坐下，给自己倒了一杯茶，神色蔫蔫的。

镜头上移，飘飘头上出现一个气泡，展示她白天经历的事。气泡里，一个男小人插着腰颐指气使地大骂（飘出不明符号），另一个女小人低头躬身，显得唯唯诺诺。

飘飘：唉……

飘飘无精打采地垂下头。

彭老板关心道：怎么了，心情不好吗？

飘飘用食指和大拇指一边比划，一边拉开距离。

飘飘：有……一点点。

猫咪：喵……

猫咪跳到了飘飘的腿上，放松地趴着。

飘飘：哇，小可爱。

飘飘惊喜地摸着猫咪，猫咪闭眼，一副十分享受的样子。

彭老板：别想那些了，先吃饭再说吧。

飘飘：嗯，我要大吃一顿，忘掉烦恼！

彭老板：想吃什么？

景外飘来一阵香味。飘飘看向其他客人，他们的筷子拨开豆皮金黄的面皮，夹起里面的糯米和笋丁放入口中。飘飘咽了口口水，压低声音向彭老板询问。

飘飘：他们吃的是什么呀？

彭老板：豆皮。

飘飘：豆皮？那不是火锅涮菜吗？

彭老板：此"豆皮"非彼"豆皮"。这个豆皮不仅有皮，还有馅。

飘飘：那我也来一份吧。

彭老板：好的，请稍等。

飘飘：我从没吃过这样的豆皮，好神奇。

彭老板：这是发源于民国时期的武汉特色美食，追本溯源，还要从当年的"通城饮食店"说起……

解析：场2由飘飘自身的故事推动情节发展，并进一步拉开了美食故事的帷幕。

场3

时：日

景：通城饮食店后厨、内

曾厚城正在切菜。去买菜的小厮返回店内。

小厮：老板，我回来啦！

小厮举起右手满满当当的菜篮子，左手却像遮掩着什么似的放在背后。

曾厚城：你左手拿的什么？

曾厚城朝小厮走过去，小厮不停地闪躲。

小厮：没什么……嘿嘿……

曾厚城一把夺过，定睛一看，方方的油纸里包着吃食。

曾厚城：光豆皮，隔壁家的？

小厮：刚才有点饿了，充饥用的。

曾厚城：咱们店里也有豆皮，你怎么不吃？

小厮只是尴尬地赔笑。

小厮：嘿嘿……

曾厚城叹口气坐下。

曾厚城：不难为你了。我知道，一样都是用绿豆米浆，但咱家豆皮就是不如人家。

小厮：没事的老板，咱们卖米酒、饭菜，还是有人吃的。

曾厚城：我一定会想出办法的。

曾厚城沉默不语，突然站起来，像是下定了决心。

解析：场3开始介绍美食的由来，并突出了矛盾，推动情节向前发展。

场4

时：夜

景：汉口夜景、外

空境，升格，从落日到夜晚，各家各户亮起灯来的景象。

解析：场4主要是美食故事背景的刻画。

场5

时：夜

景：通城饮食店后厨、内

曾厚城：也没什么客人了，早点打烊吧。

小厮端着没卖出去的剩饭剩菜。

小厮：老板，剩了很多饭菜，倒掉真可惜呀。

曾厚城看向身边的大桶。

曾厚城：摊豆皮的米浆也剩了不少啊。

小厮：对，还有大半桶呢。

曾厚城神色愁闷，在浏览一遍剩下的食材之后，却突然眼睛一亮。

曾厚城：把米浆拿来！

小厮：您这是要干吗？

曾厚成：哼哼，待会你就知道了。

曾厚城架起大锅，烧火，锅里放油。然后把米浆倒入，摊开，煎成金黄色。曾厚城割下一小块豆皮尝了尝，皱了皱眉，眼珠子一转。

曾厚城：再加两个鸡蛋试试！

小厮：嗯！

小厮将鸡蛋打入锅中，豆皮发出刺啦啦的响声。曾厚城用铲子翻看豆皮背面，只见皮面焦黄，随之飘出一阵阵蛋香味。

小厮：哇，好香啊！

曾厚城：加上鸡蛋果然就不一样了！

曾厚成：不是还有多的剩饭剩菜吗？

小厮：还有好多呢！

曾厚城：对！快快拿过来！

曾厚城又拿起米饭摊在豆皮上。

小厮：这么做能行吗？

老板：我也不知道，试试看吧。

曾厚城又在米饭上面放了些剩菜、卤料，两面煎烫。豆皮两面金黄，香气诱人。曾厚城尝了一口，露出惊艳的神色。小厮迫不及待地想尝一下。

小厮：味道怎么样？

曾厚城：快，你也尝尝！

小厮也急忙尝了一口。

曾厚城：怎么样？

小厮：太好吃了！馅料香外皮脆，有米有菜，就是少了点什么……

小厮灵机一动，抓起一旁碗中的香葱末，撒在锅里。

小厮：点缀上新鲜的香葱末，感觉会更爽口！

曾厚城：不错，明天就卖这种豆皮吧！

解析：场5是整个剧的核心，重点介绍了美食的制作过程，表明问题得到了解决，暗示剧情走向高潮。

场6

时：日

景：巷食小店、外，俯拍通城饮食店

人们将门口挤得水泄不通。

食客甲：这新式豆皮可真好吃！

食客乙：叫什么来着？

食客甲：三鲜豆皮！

解析：场6通过食客对美食的反馈，将美食故事推向最后的高潮，暗示故事即将结束。

场7

时：夜

景：巷食小店、内

猫咪趴在飘飘身旁的椅子上，彭老板将豆皮放在飘飘的面前。

彭老板：后来，曾老板的三鲜豆皮一炮而红，他便专心经营豆皮，不久后名扬武汉三镇。

飘飘回过神，夹起一块放入口中。飘飘身后浮出一块巨大的豆皮，仿佛是她口中的那一块，在被透明的嘴巴吃掉（随着飘飘的声音展示不同部分）。

飘飘：面皮酥脆，还有鸡蛋的浓香……包裹着的糯米软糯有嚼劲……埋在糯米里的瘦肉丁让人惊喜，还有脆嫩的笋丁和吸饱了卤汁的香菇、豆干……

彭老板：怎么样？

飘飘的眼睛变成星星眼，一副非常感动的样子。

飘飘：超级好吃！

彭老板笑了笑。

彭老板：你看，曾老板在面临歇业的危机中还创造出了美食，其实很多

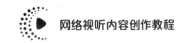

困难也不算什么嘛。

飘飘：没错！

飘飘头上出现气泡，浮现出她的幻想。气泡中的女性小人双手叉腰，光芒万丈，之前在大骂她的男性小人朝着她不断跪拜。

飘飘：嘿嘿……

幻想中的飘飘发出猥琐的笑声，身体微动。猫咪见状跳下椅子离开。

猫咪：喵……

飘飘吃完站起。

彭老板：吃好了？

解析：场7再次回到现实，由美食文化激发食客对人生的思考，并如愿解决了现实中的问题，暗示现实故事由高潮走向结束。

场8

时：夜

景：星空、内

空境，巷食小店上面的夜景，舒朗无云的夜空，推门的声音。

飘飘：老板再见，我下次再来！

解析：场8由夜景转到最开始的出场人物，标志着整个剧的结束。

思考题

一、简要分析网络动画片有哪些特点。

二、网络剧的发展大致分为哪四个阶段？

三、网络剧在发展过程中呈现出哪些特点？

四、结合具体的网络剧的创作，简要分析网络剧的创作方法有哪些。

五、以网络剧《万万没想到》为例，分析该剧有哪些特殊的叙事模式。

第四章　剧情类网络视听节目的创作

六、以你熟知的网络剧为例，分析其成功之处有哪些。

七、什么是网络大电影？

八、网络大电影的特点有哪些？

九、网络大电影剧本在题材上一般如何选择？

十、网络大电影的主题选择一般受哪些因素的影响？

十一、如何撰写网络大电影剧本中的人物小传？

十二、与传统电影相比，网络大电影在结构与情节设计方面有何不同？

十三、微电影的特点有哪些？

十四、针对不同人群，微电影在主题方面有哪些表现方式？

十五、结合具体作品，谈谈微电影在情节上如何设置悬念、紧扣主题。

十六、网络动画片有哪些特点？

十七、优秀的网络动画剧本一般有哪些要素？

第五章　非剧情类网络视听节目的创作

【目标】

通过本章的学习，学生应了解网络纪录片、网络宣传片、网络公益广告、网络音频节目、网络综艺节目（含微综艺）、短视频、网络直播的兴起背景、发展状况及特征；掌握网络纪录片、网络宣传片、网络公益广告、网络音频节目、网络综艺节目（含微综艺）、短视频、网络直播创作的基本原则及涉及的各个元素，并能具体应用到实践活动之中；在新时代背景下，通过鉴赏非剧情类网络视听节目，能学会利用影像谱写新时代篇章。

第一节　网络纪录片的创作

一、网络纪录片的概述

近些年来，随着新媒体技术对传统媒介的影响，一批高质量纪录片在网络走红，如《我在故宫修文物》等，而网络纪录片这个概念也逐渐被广大网民所接受。

那么，什么是网络纪录片呢？它和传统纪录片的区别又在哪呢？学者凯特·纳什认为，网络纪录片是指作品实体通过兼具多媒体与互动性的网络来发行的纪录片作品。学者侯塞尼和罗恩则总结了网络纪录片的特征，他们认为网络纪录片中的影像、图片和声音不再是表达的主体，而是服务于解释文本。此外，网络纪录片的多元化内容正是多种信息融合的体现。

根据相关数据，截至2019年，中国网络视频用户规模已达7.59亿。规模如此巨大的用户群体，让无数行业都转战新媒体，希望从中分一杯羹。2012—2019年中国网络视频用户规模如图5-1所示。

与此同时，整个纪录片行业的发展并不乐观。2018年，中国总计生产纪录片57部，其中获得公映许可的只有16部。而且，在当前的文化环境下，制作周期长、成本偏高的纪录片很难真正走进市场，获得高回报。这也就导致我国的纪录片发展状况并不尽如人意。

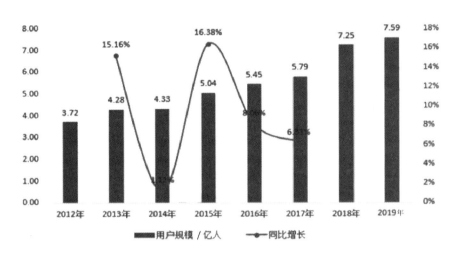

图5-1　2012—2019年中国网络视频用户规模

在这样一个背景下，网络纪录片顺势崛起。与传统的纪录片不同，网络纪录片利用了多媒体的优势，发行成本低、传播快、口碑易发酵。2016年，央视出品的纪录片《我在故宫修文物》一经播出就在网络平台持续走红。该片不仅在豆瓣平台收获9.4的高分，还在全网斩获了破亿的播放量，这对于一部纪录片来说是一个不可思议的成绩。

二、网络纪录片的特点

（一）表达方式的创新

纪录片在网络时代最大的变化就是表达方式的创新。在注重个人表达的今天，网络纪录片也越来越多地带有个人风格。主创的个人审美和情感表达会通过多元化的叙事手段在镜头中呈现出来，而不仅仅是展现和还原那么简单。

在网络纪录片中，被广泛运用的一个表达手法就是情景再现。传统的纪录片有明确的拍摄原则，即镜头中的人和事都必须真实。情景再现的手法看似违背了这个原则，但对于许多纪录片而言，除不得已而为之外，更重要的是，情景再现能呈现出更丰富的表达效果。在纪录片《故宫》中，为了重现故宫画作上庆典的盛况，主创查找史料，根据实物进行建模，以达到最好的视听效果。如果只是将镜头聚焦在画作上，很难产生相同的效果。

历史题材的纪录片为了还原历史事件的原貌，在充分考证和严谨设计的前提下，还会用演员的表演去重现史实。这样，不仅能在尊重历史的情况下重现人物形象和重大事件，更能将画面变得生动活泼，从而抓住观众的眼球。如纪录片《圆明园》就找了演员来重现当年八国联军侵华的场景。

动物题材的纪录片还会使用更加"网络化"的表达方式，即拟人。如网络纪录片《帝企鹅日记》中，主创团队为了让观众理解帝企鹅养育后代的辛酸，采用了拟人化的叙事方式，使得整个故事更具张力，更容易让观众体会到生命的顽强。

（二）细节表现更加突出

注重细节表现是网络纪录片的又一个显著特征，细节在任何文艺作品中都具有独特的魅力，能够轻易打动受众，让人感受到真实的魅力。一个具有丰富细节的镜头比一个场面宏大的镜头更有张力。《我在故宫修文物》走红之后，故宫里的流浪猫随之也红遍整个网络，这些流浪猫甚至一度成为游客打卡的对象。而纪录片里之所以会拍摄流浪猫等看似与主题无关的镜头，正是因为对细节的把握。《我在故宫修文物》在刻画匠人精神时，不是没有温度地一味赞扬，而是将匠人们的各种生活细节娓娓道来。正是有流浪猫这样的细节呈现，才让整个故宫、整个工匠群体显得更加真实，更具有人情味。匠人们不是高高在上的大师，而是跟你我一样的普通人。也正因为理解了他们是普通人，才更能理解他们的坚守有多么不容易。这对于主题的表达无疑是锦上添花。

(三)叙事节奏变快

叙事节奏变快是网络时代下任何一种文艺作品都难以抗拒的趋势。在民众审美倾向日益碎片化、快餐化的今天，慢节奏的作品很难有生存空间。在网络纪录片中，这种趋势就表现为直入主题，用最快的时间和最少的镜头把背景交代完毕，甚至还诞生了"微纪录片"这样一个概念。如《奥利奥100周年童真微纪录片》只用短短9分钟的时间，就刻画了亲子间的感情和对童真的向往。

在一些网络纪录片中，还会使用快进剪辑的方式加快叙事节奏。

(四)从宏大叙事到多元化叙事的转变

我国传统的纪录片叙事偏宏大，说教意味偏浓，很难被大众接受。而网络时代的纪录片，由于创作者与消费者群体都趋于年轻化，因此叙事开始变得多元化，以满足各类人群的精神文化需求。

现象级网络纪录片《舌尖上的中国》的走红，就在于其叙事视角的转变。纪录片通过镜头再现了中国各地的美食和那些制作美食的普通民众，将镜头聚焦在普通大众身上，这样接地气的叙事方式很容易被大众接受。在这部纪录片里，能够制作神奇美食的并不一定是神秘的大师，而似乎就是你隔壁的邻居。每个人都能够在里面找到熟悉的人物原型，也就更能理解镜头里人们的喜怒哀乐，情绪会跟随主人公的心绪变化而变化。

(五)解说词的口语化

解说词在纪录片中一直扮演着重要角色。传统纪录片的解说词往往极尽华丽之能事，甚至可以独立成篇，成为单独的文学作品。高度书面化的解说词确实给纪录片增色不少，但也提高了审美门槛。

如今的网络纪录片对解说词的运用从书面化逐渐转向了口语化，它不再像一个长者的谆谆教诲，而像一个多年的老友讲故事，娓娓道来，情真意切。同时，这种处理方式降低了网络纪录片的审美门槛，更容易面向大众。如纪录片《侣行》讲述了一对小情侣驾驶帆船游历世界，最后在北极求婚，在南极结婚的故事。这部纪录片的解说词非常接地气，解说时甚至边说边笑，就像在你的耳边给你讲述一个浪漫唯美的爱情故事。完全口语化和生活化的解说词，让观众非常容易接受，同时更能让人体会到其中的真情实感。

三、网络纪录片的创作方法与技巧

在创作方法与技巧上，网络纪录片与传统纪录片并没有实质性的区别，画面构图、适配的解说词、对叙事节奏的掌控，这三者缺一不可。不同的是，在网络语言环境下，纪录片需要为市场做出相应的调整，以适应当今社会的审美需求，需要调整的大致有以下三个方面。

（一）保持人文关怀

网络纪录片从宏大叙事到多元化叙事的转变，实质上体现了对人文关怀的重视。如纪录片《网红》将镜头聚焦在"网红"和"网红经济"上，讲述那些由普通人变成名人背后的辛酸与无奈；《了不起的匠人》刻画了许多普通的工匠，弘扬传统工匠精神。这一类作品实质上都是通过题材和叙事视角的转换来表达对少数群体的关注，同时用镜头来表达社会变迁所带来的变化和思考，极具人文关怀。这种人文关怀使得镜头不再冰冷，而是充满温情，更能为普罗大众所接受。

（二）迎合受众心理

网络时代的用户群体非常注重个人感受，因此选取用户爱看的题材以及恰当的叙事节奏，是一部纪录片成功的关键。察觉到中国人对美食文化的喜爱，于是《舌尖上的中国》掀起了一股美食文化的狂潮。感受到当代匠人精神的缺失，于是《我在故宫修文物》一炮而红。以上纪录片都找准了用户群体的敏感点，选取了合适的题材，再辅以年轻化的叙事视角和恰当的节奏，因此能在年轻网民中口口相传，持续发酵。

（三）注重线上交互

互联网病毒式的传播速度决定了很少会有真正优秀的作品被埋没，只要注重网络营销，作品就容易进入用户的视线。相较于传统纪录片单一的营销形式，网络纪录片的营销成本更低，效果也更好。如纪录片《青春致敬青春》的主创团队特意开通了官方微博和微信，并在各大社交平台发布与青春相关的话题，这样不仅提高了用户的参与度，还起到了不小的宣传作用。

四、网络纪录片案例分析

《我在故宫修文物》重点记录了故宫书画、青铜器、宫廷钟表、木器、陶瓷、漆器、百宝镶嵌、宫廷织绣等领域的稀世珍奇文物的修复过程和修复者的生活故事。

在这部纪录片中，第一次完整呈现了中国珍贵文物的修复过程和技术；第一次近距离展现了文物修复专家的内心世界和日常生活；第一次完整梳理了中国文物修复的历史源流；第一次通过文物修复领域"庙堂"与"江湖"的互动，展现了传统中国四大阶层"士、农、工、商"中唯一传承有序的"工"这一阶层的传承密码，以及他们的信仰与变革。

《我在故宫修文物》是一部兼具历史深度和人文关怀的纪录片，它的成功大致可以归因于四个方面：一是对题材的深入挖掘；二是平民化的叙事视角；三是对人物的细节刻画；四是借势新媒体的网络营销。

（一）题材的成功

在《我在故宫修文物》问世之前，就有如《故宫》《圆明园》等不少同样属于历史题材的鸿篇巨制，而《我在故宫修文物》与它们不同的是，这部片子的目光不再拘泥于故宫与故宫的历史，而是聚焦到故宫里的人和物，展现的是故宫里的传承和守望。

虽然故事的主体是"修文物"，但是作为"修文物"的主体的"我"，在镜头里同样重要。也就是说，主创并不是只关注文物的修复，对那群默默坚持的修复师们同样不吝笔墨。数量稀少的修复师同样是我们社会中再普通不过的一分子，他们会有自己的兴趣爱好，会有常人的喜怒哀乐，也有自己的坚守和默默耕耘。

（二）平民化的叙事视角

在《我在故宫修文物》里，一件件珍贵的文物可能会让人惊叹不已，而那些神乎其技的修复手法也会让人叹为观止。归根结底，人始终是纪录片的主体。《我在故宫修文物》以平民化的叙事视角，给每个个体足够的尊重，始终关注他们并认可他们的价值。

此外，镜头展现出来的文物修复过程更像是人与文物的交流过程。主创用平实而生活化的镜头去处理修复文物的过程，以此拉近了与观众之间的距离。

（三）人物的细节刻画

《我在故宫修文物》对主要人物的性格特征进行突出表现，使得人物形象有了更完整、更立体的呈现。同时，对一群性格鲜明的修复师的刻画令镜头下的故宫不再是一个冷冰冰的宫殿，而成了一个有人气、有温度的存在。

如书画组的杨泽华，性格热情开朗，还喜欢在空闲时间弹吉他来放松心情。这样的性格使得他能够在严谨而枯燥的文物修复过程中始终保持平和的心态。镜头还展现了他与年轻同事打成一片，并且乐于接受现代修复技术的片段。这样，通过对人物的细节刻画，一个平易近人、风趣幽默的形象便呈现在了观众面前。

（四）借势新媒体的网络营销

在我们眼里，《我在故宫修文物》似乎顺风顺水、一炮而红，但事实并不是这样。起初《我在故宫修文物》在央视纪录片频道首播，播完后反响平平。随后，纪录片导演将该片上传到知名视频网站哔哩哔哩，这才引发了一次收视狂潮。与此同时，微博、微信等社交媒体也同步跟进，完成了《我在故宫修文物》在社交媒体的刷屏。

可以看到，正是借助新媒体的优势，《我在故宫修文物》才得以在短时间内破圈，成为爆款。究其原因也很简单，新媒体环境下，传统电视媒介能提供的影响力相当有限，而口口相传的社交媒体成了各类爆款作品的良好助力。

总而言之，《我在故宫修文物》的成功不仅因为其自身过硬的质量，也因为主创真诚的创作态度和对匠人的尊重,当然也离不开社交媒体的造势和宣传。在网络纪录片的发展历程中,它是一个足以成为正面教材的典型案例。

第二节 网络宣传片的创作

一、网络宣传片的概述

(一)网络宣传片的定义

网络宣传片是用制作网络电视、电影的表现手法,对产品或企业内部的各个层面有重点、有针对、有秩序地进行策划、拍摄、录音、剪辑、配音、配乐、合成输出,并在网络上进行传播。目的是声色并茂地凸现产品或企业独特的风格面貌,彰显实力,让社会不同层面的人士对产品或企业产生正面、良好的印象,从而建立对该产品或企业的好感和信任度。

(二)网络宣传片的分类

网络宣传片从内容上可以分为企业形象宣传片和产品营销宣传片等。

企业形象宣传片传达企业文化、品牌形象、服务理念、专业实力、项目成果等综合信息,运用独特的创意构架、优美的镜头画面、流畅的影视语言,结合三维动画、虚拟现实技术,来彰显企业的非凡品质与恢宏气度。

随着宣传片传播观念的日渐完善和更新,传统宣传片千篇一律的传播方式开始让人出现审美疲劳,广告公司不断探寻着企业形象宣传片创意方式的突破,站在企业形象的高度,对企业理念和企业文化进行深度的挖掘,让企业形象宣传片的展现元素都依托在企业文化的精髓之上,通过故事的形式或通过立体交叉的形式对企业形象进行战略层面的宣传和传播,同时借助新媒体传播平台为企业的后续传播提供战略层面的服务。这是一种创新性的服务模式,也是一种具有传播黏性的传播路径。

产品营销宣传片直观生动地展示产品的生产过程,突出产品的功能特点和使用方法，从而让消费者或者经销商能够比较深入地了解产品，营造良好的销售环境。

（三）网络宣传片的作用

所谓"酒香也怕巷子深"，不管多么优秀的产品，只要稍不留神就有可能被竞争对手挤压出局。提高产品知名度及提升企业形象无疑是摆在每一位企业决策者面前的重要课题。拍摄制作宣传片是实现这个目标的有效手段，能够在市场推广中起到"四两拨千斤"的作用。

网络宣传片是宣传企业形象的最好手段之一。它能非常有效地把企业形象提升到一个新的层次，更好地把企业的产品和服务展示给大众，能非常详细地说明产品的功能、用途及其优点（与其他产品不同之处），诠释企业的文化理念。所以宣传片已经成为企业必不可少的形象宣传工具之一，广泛运用于展会宣传、房产招商、楼盘销售、学校招生、产品推介、旅游景点推广、特约加盟、品牌推广、上市宣传等。

企业形象宣传片如同一张企业的名片，可以帮人轻松地了解一个企业的精神、文化和发展状况，让企业无须多费口舌向客户做枯燥无味的介绍。它对企业的整体形象，如发展历程、企业管理、技术实力、制造装备、品质控制、市场开拓、文化建设、品牌建设、发展战略等各个方面，给予集中而深入的展示，达到树立品牌、提升形象、彰显文化的目的。

二、网络宣传片的特点

（一）营销性

虽然宣传片有很多种类，每一类宣传片的定位和策划思路都不尽相同，但不论何种宣传片，它们都有一个非常明确的目的——营销。企业的产品宣传片是为了推广企业产品，品牌宣传片以树立品牌形象、提高品牌的市场占有率为直接目的，而形象宣传片是为了树立特定的企业形象，可以宣传组织的宗旨、信念、文化或某项政策，树立良好的企业形象。

（二）观赏性

通常来说，网络宣传片是集合了文字、声音、图像、语言等多种视听元素的，所以相比口头宣传、印刷品宣传等传统宣传方式，网络宣传片往往更具有观赏性。美轮美奂的画面配上好听的音乐和精练的解说，比起枯燥的文字，相信大多数人都更喜欢看宣传片。

（三）有感染力

很多网络宣传片都会借助配乐等元素，使宣传片画面更具感染力，从而引起观众共鸣。企业宣传片的重点就是要突出产品特点或企业的竞争优势，同时赋予宣传片艺术气息和感染力，使观众更加信服。

（四）信息全面

报纸、杂志的宣传存在局限性，往往只能触及一个企业或一种产品的某个点，此外，除电视广告外的媒体很难给予客户直观、感性的认识。而网络宣传片在信息展示上相较于其他宣传手段更加全面。

（五）经济性

在电视台等渠道投放宣传广告的成本令人咋舌，一般的中小型企业是没有实力在电视台投放广告的。而在互联网时代，制作一部宣传片并通过网络渠道进行播放，宣传效率已经不低于传统媒体，且成本会更低。

三、网络宣传片的创作方法与技巧

一部网络宣传片的制作过程中，策划与创意是第一步要做的事情。精心的策划与优秀的创意是宣传片的灵魂。要想宣传片引人入胜，具有很强的观赏性，创作方法与技巧也是很重要的，独具匠心的表现形式能让人们对一个陌生的产品或企业从一无所知到信赖不已。

以下介绍几种常用的网络宣传片的创作方法与技巧。

（一）纪实

纪实的创作方法是通过真实场景的再现来展示产品优越的性能或企业独

特的内涵，使人们在观看的过程中感受到产品的特点或了解特定的企业形象，从而达到营销的目的。

宣传片通过展示真实的产品来说服观众，需要具备两个要素。

首先，这个产品所展示的功能确实具有优越性，而这种优越性是其他产品所不具备的，或者这种优越性在观众的心中是独一无二的，只有这样才具有说服力。

其次，产品真实性的展示应当独特而有创意，采用的展示方式需要最大限度地显示出产品性能的优越，其展示效果也具有一定的视觉冲击力，从而能够吸引观众，给观众留下深刻印象。

例如，动作演员尚格云顿在两辆车之间展现了"伟大的劈腿"，整个作品只使用了一个镜头并伴随《Only Time》的配乐，整个画面令人震撼。沃尔沃公司通过这支宣传片展示了卡车出色的稳定性。这个视频在 YouTube 投放后迅速受到关注，在 6 天时间里就有超过 3.3 亿的浏览量。沃尔沃公司卡车宣传片如图 5-2 所示。

图 5-2　沃尔沃公司卡车宣传片

有些宣传片是实景拍摄的，有些则使用了模拟真实场景的拍摄手法。通过对一些画面的后期处理，展示出逼真的效果，这类手法属于伪纪实，是一种艺术表现手法。

纪实风格的宣传片强调以忠实的、客观的态度摄录宣传对象，保持客体的完整性，力求逼真地再现宣传对象的本来面貌，揭示其本身的"多义性"。其视听语言的表现手法主要有运用长镜头、实景拍摄、自然光效、生活化表演以及同期声效等。

（二）比较

比较的创作方法是将自己的产品或服务与竞争者的产品或服务进行比较，从而凸现自己的产品或服务优于或异于竞争对手的产品或服务的特征、品质或者质量等。

一方面，使用比较式宣传片的企业多处于市场挑战者的位置，通过将自身产品与其他竞争者的产品进行比较，可吸引消费者的注意，诱导用户重新思考，使消费者改变先入为主的观念和消费习惯。另一方面，使用比较方法可以使观众了解企业在质量、服务或理念上的优势，从而在消费者心中获得独特的定位，促使消费者购买该企业的产品，扩大市场占有率。

那么，如何使用比较的创作手法更有效呢？

首先，要体现品牌的差异性，突出品牌与众不同之处。

其次，以突出自身优势为主，而不是对竞争对手的诋毁和污蔑。

再次，在不同的国家使用比较式宣传片，要考虑到不同国家的文化和法律背景，例如有些国家明文禁止比较式宣传片。

最后，比较式宣传片应注意其表现方式，过于生硬、严肃、直白的表现形式往往会招致观众的厌恶。

（三）情理结合的诉求策略

诉求策略是一种劝说模式，用来优化宣传片效果，引起受众对产品、品牌或组织的关注，从而促进产品销售或提高品牌关注度。心理学认为，说服是通过给予接受者一定的诉求，引导其态度和行为趋向于说服者预定的方向，它作用于接受者的认知、情感、行为倾向性三个层面。

理性诉求是指诉求定位于受众的理智动机，通过真实、准确、公正地传播企业、产品、服务的客观情况，使受众经过概念、判断、推理等思维过程，理智地做出决定。

感性诉求是指诉求定位于受众的情感动机，通过表现与企业、产品、服务相关的情绪与情感因素来传达信息，以此对受众的情绪与情感带来冲击，使他们产生购买产品或服务的欲望和行为。

宣传片采用什么样的诉求方式并不绝对，在消费者心理需求和感受日益得到重视的今天，纯粹传达信息的理性诉求方式越来越少使用，而纯粹的感性诉求方式因不便于传达具体确切的信息，也只存在于少量宣传片中。

大部分宣传片采用情理结合的诉求策略，将直接的信息传达与能够引起消费者认同的情感结合起来。例如：牙膏宣传片既展现了欢乐家庭的生活片段，也对保护牙齿的功效做了明确的演示和说明；食品宣传片既展示美味带来的满足感，也强调补充维生素或增加钙质等让身体更健康的功能性利益。

（四）温情诉求策略

温情是情感诉求最普遍的一种表现手法，它通常表现家庭的温情和睦、父母与子女之间的亲情、朋友之间的友情、恋人之间的爱情，以及人与人之间的情感。温情手法缩短了宣传片与消费者之间的心理距离，使宣传片容易获得消费者的心理认同。

一则打动人心的温情式宣传片很难将诉求重点和观众的切实利益相结合，温情诉求策略的使用不是为了立刻实现观众对产品的购买，而是为了在观众心中建立起良好的品牌形象。

温情式宣传片要靠诚意与消费者内心建立真正的联系，一部缺乏诚意的宣传片会让观众感到矫揉造作而无法认同。宣传片要与消费者内心建立联系，就需要找到能够感动消费者的那个点，这并不是一件容易的事情。优秀的情感诉求点源于生活，只有对生活有最深切的体会，并将感人的瞬间进行记录、提炼，宣传片才会达到真正打动人心的效果。

尽管温情诉求是宣传片中较为有效的诉求方式之一，但电视广告并不经常使用，原因在于它对时长的要求。通常一部感动人心的宣传片时长一般在 2 分钟以上，而以电视为平台播出的广告时长多在 15 ~ 30 秒。温情式宣传片一般故事性非常强,也很难在保证原意的基础上对其进行剪辑和压缩。广告主要考虑广告的投放成本和投放效果,因此一些使用温情诉求的广告创意即使非常出色,也很难获得通过。

近年来,随着网络播放平台的崛起,越来越多的广告主开始在网络播放平台上投放宣传片,而相当大一部分的宣传片使用了温情诉求的创作方式。例如,德芙巧克力的网络宣传片《年年得福》就讲述了一对母女之间感人的亲情,她们每年一起写的"福"字在视频结束时拼成一面墙,引出"年年得福"的主题,这就是典型的温情诉求策略,如图5-3所示。

图5-3 《年年得福》宣传片

四、网络宣传片案例分析

(一)文案资料

《江南之恋》歌词节选

清风吹散,千古恩怨。

断桥残雪,诉说浪漫。

水乡红伞,烟雨缠绵。

枫桥明月,摇来客船。

天堂飘来的云，江南洒下了雨。

西方梦绕的情牵，东方朦胧的思恋。

隆力奇这美丽的传说，世界的传奇，传奇。

（二）品牌介绍

隆力奇是江苏省的一个护肤品品牌，整篇宣传片文案体现了浓浓的江南气息，采用了感性诉求的方式。《江南之恋》这则宣传片为南派营销的代表，注重写意、讲究情调、品位优雅、描述委婉、富有内涵。

此外，无论是宣传片演员的选择，还是宣传片的文案——"西方梦绕的情牵，东方朦胧的思恋。隆力奇这美丽的传说，世界的传奇，传奇"，都体现了隆力奇公司"走向国际"的品牌定位。

（三）宣传片截图

宣传片截图如图5-4所示。

图5-4 《江南之恋》宣传片截图

（四）案例分析

隆力奇的这部唯美宣传片《江南之恋》由佟大为主演，谭晶演唱同名主题曲。宣传片风格优雅、情深意长，以美妙动听的歌曲诉说着一个梦幻江南的传奇故事。该片创造性地将企业信息、影音艺术与企业文化有机融合，让广大观众在享受美妙的歌声、多彩的画面等视听艺术的同时，充分感受企业丰富的文化内涵，领略品牌无穷的魅力。

这部宣传片中加入了许多江南文化元素，比如绘制油纸伞、茶艺、苏州评弹等，都带有浓厚的地域文化和东方色彩，也弘扬了中国人的内敛、含蓄而又坚韧的文化精髓。影片展现了古朴的画面、淡雅的色彩、柔和的光感、清新的构图等，在影像方面突出了东方韵味。

隆力奇公司品牌形象宣传片中的影像气质和内涵也同样出现在企业、城市、旅游等各种类型宣传片的文化氛围演绎中。

第三节　网络公益广告的创作

一、网络公益广告的概述

（一）网络公益广告的定义

公益广告在国外起源较早，20世纪40年代，公益广告最先在美国出现，也称为公共服务广告。当时的美国经济萧条，公益广告作为广告中一种独有和特殊的、富有魅力的宣传工具和社会教育力量应运而生。它与社会公益事业有着特殊的关系，一如它的使命——促进社会问题的解决。公益广告在社会发展中起着非常重要、无可替代的作用。

公益广告是指以维护社会道德、为公众谋利益、帮助改善和解决公众问题为目的而设计的广告。它一般由政府有关部门或群众团体组织策划，旨在向观众阐述自身的功能和责任，表明自己不仅仅追求从经营中获利，还积极参与各种社会问题和环境问题的解决，以提高社会的文明程度，获取良好的社会效应。

网络公益广告即在网络上传播的公益广告。

(二)网络公益广告的作用

早在赫尔曼（Herman）、乔姆斯基（Chomsky）的有关著述中就提到过"制造认同"的概念，他们认为媒介实际就是宣传工具，它教给人们各种价值观念和行为准则，引导人们接受新的生活方式，使人们融入媒介制造的社会体制中。而在"制造认同"的过程中，公益广告是最现实、最直接、最具时效的途径。

我们通过电视广播、报纸杂志和生活实践，发现形形色色的社会问题不断出现，例如滥用毒品、环境污染、家庭暴力、交通事故、艾滋病蔓延等。问题产生的原因有很多，解决问题的方法也不少，但是怎么抑制社会问题的泛滥，减少甚至根除社会问题呢？只有动员全体公民开展社会变革运动，即"由一个群体（变革发起人）实施有组织的活动，旨在说服其他群体（目标接受者）接受、调整或放弃某些观念、态度、习惯和行为"。如我国的"希望工程""预防艾滋病宣传教育工程"等，就是全国范围的社会变革运动。

长久以来，公益广告一直被用来作为解决不同社会问题，敦促社会公众以正确的观念和行为配合社会变革运动的手段之一，它是社会营销的有力工具。"社会营销"一词最早出现于1971年，当时是指运用市场营销的原理和技巧倡导某个社会运动、观念或行为。自那时起，该术语的意思逐渐演变为社会变革管理科学，具体指设计、实施和控制变革运动，实现在一个或几个目标接受者群体中提高某种社会观念或实践的接受程度的目的。公益广告对于实现社会营销的目的，即改变有害的观念和行为，或者接受新的观念和行为，提高国民觉悟，帮助解决社会问题起到了显著效果。

二、网络公益广告的特点

（一）非营利性

公益广告以人与社会、人与自然和谐发展为宗旨，以社会保护与群体素养提升为目的，注重社会效益，旨在促进社会发展。与商业广告完全以营利为出发点相比，公益广告则是非营利性的。凡从事公益广告的单位或个人，他的终极目标是公众的利益，而不是获利。

有一点要说明的是，不以营利为目的并不等于说从事公益广告是亏本的，而应是持平或略有盈余的。只是从事公益广告的单位或个人对于盈余不得在所有者和管理者中分配，必须用于提高公益广告的质量和数量。

（二）社会教育性

社会教育性是网络公益广告的本质特点。网络公益广告通过网络媒体传递教育信息，宣扬正确的人生观、价值观，对受众起到濡染和教化作用，使受众的思想和认识在不知不觉中得到提高。因此，网络公益广告的产生为社会教育信息化的推进搭建了更广阔的平台。

公益广告诉求的是观念，以某种观念的传播启迪公众，促使公众自省并关注某一社会性问题，以符合公德的社会行为为准则，规范行为并身体力行以形成良好社会风尚，或支持某种社会事业。它传播的是精神形态的观念，而不是物质形态的商品。

（三）交互性

交互性是网络公益广告传播中的最大优势，也是使其区别于其他公益广告最明显的特点。其他媒体上的公益广告在传播信息时是将信息单向地"推"向受众，受众的反应往往是滞后的，而网络公益广告将信息传播给受众的同时，受众会及时对相关信息做出反馈。通过反馈，传播者就会了解到受众对这则公益广告的理解和接受程度，以及还需要做哪些改进等。

（四）时空广泛性

传统媒体上的公益广告刊播受制于时段或版面，信息的传播空间和时间相对狭窄，传播内容的深度会受到影响。而网络公益广告传播的时空是非常广泛的。从空间上来说，一方面，自由扩张的网络可以将信息传递到世界各地的网民；另一方面，网络可以灵活提供大量相关信息，加大信息传播内容的深度和广度。从时间上来说，网络公益广告的传播可以在任何时间进行，网民只要上网，随时能点击任何一条公益广告。

公益广告面对的是社会公众，这表明公益广告不同于商业广告，它不是为某个企业的产品树品牌、打知名度，而是为社会大众谋利，为公众切身利益服务。创作者是站在社会公众的角度去创作、去启迪，而不是针对某一特殊群体。公益广告应针对社会公众的特点和心态，反映公众的意愿和呼声，反映公众普遍关注的社会问题。公益广告期待尽可能多的公众目光，受众范围越大越好。

（五）非强迫性

传统媒体上的公益广告都有强迫灌输的特点，受众往往是被动地接受广告信息。而网络公益广告能够做到和受众及时交流，从而可形成一种受众主动向广告主索要信息的"拉"与互动相结合的沟通形式。这不但使网民易于受到公益广告信息的感染和教育，同时网络公益广告创作者可以了解受众的需求，从而创作出更贴近受众、贴近生活的网络公益广告。

做公益广告的原动力是高度的社会责任感，谁做公益广告谁付费，公众可从中感知公共事业心。公益广告的费用包括设计、制作、发布等费用，公益广告的费用由广告主自行、自愿承担。广告主有充分的自主权决定是否参与公益广告，其不受制于政府或组织，不是由官方指派或强迫的。公益广告表现了利他主义精神，它是与助人为乐的无私奉献相联系的，是人类的同情心、爱心、责任感等美德的彰显，是社会伦理道德走向和谐、个人智慧趋向成熟的标志。对于那些自愿资助公益广告的个人或团体，社会应给予鼓励和支持。

（六）多元素性

网络公益广告采用了多媒体技术，文字、动画、声音、视频等多种媒体元素并存，既可以吸引受众，又能给受众提供视觉、听觉方面的享受。另外，采用虚拟现实技术还可以让受众模拟现实世界的真实情境，从而使公益广告更有感染力和冲击力。

（七）可监测性

相对于传统媒体上的公益广告而言，网络公益广告的效果具有可监测性。广告主通过点击量、转发量等数据和评论等迅速获得反馈信息，便于了解网络公益广告的传播效果，广告的诉求能否普遍化，受众的思想观念能否受到影响

第五章　非剧情类网络视听节目的创作

及是否采取了相应的行动等。

（八）低成本性

公益广告是非商业性的广告，这种广告的传播是不以营利为目的的。所以，公益广告的资金来源比商业广告窄得多。网络公益广告制作周期短，成本费用比传统媒体上的公益广告要低，因此网络公益广告在价格上更具竞争力。此外，网络公益广告的内容可以随时更新和修改，而传统媒体上的公益广告一旦发布就无法进行修改。

三、网络公益广告的创作方法与技巧

（一）幽默诉求策略

幽默是一种人们喜闻乐见、给人以娱乐和教育的艺术表现手法，常用于广告创意中。富有幽默感的广告是最容易打动人心的，使人们在轻松喜悦中接受广告所传达的信息，能够有效地达成广告的传播目标。

莎士比亚说："幽默和风趣是智慧的闪现。"幽默广告是智慧的结晶，它具有高度的艺术性、思想性和情趣性，用一种独特的方式揭示出事物的内涵。富有智慧的幽默不会让人感到恶俗，同时意味深长。

戏谑式幽默广告用戏谑和讽刺的手法阐述一定的观点，并促使人们改变某些观念，从而影响人们的行为。戏谑式幽默广告带有一定的讽刺意味，运用得当具有较强的说服力，但不合时宜的讽刺容易引起人们的逆反心理。

幽默广告将深层的广告主题包含在轻松愉悦的故事下，减少人们生活中的压抑和忧虑，因而人们乐于观看，并在不知不觉中接受广告的观点。幽默广告以其智慧的讲述方式，更容易获得观众的好感和认同，这是幽默广告所具有的魅力。

注意避免"为了幽默而幽默"，幽默是手段，广告的主题才是根本，离题万里的广告创意，即使再精彩也是没有意义的。

公益广告的主题一般都比较严肃，但也可以寓庄于谐，运用轻松愉快的方式来表达严肃的主题和意向。图5-5是一则建议运动的广告，米开朗基罗创作出来的大卫雕像展现了完美的身材比例,然而在这则广告中,大卫因为是一座不能动的雕像而变得越来越胖,雕像基座上写着:如果你不移动,你就会变胖。这则广告采用了幽默的表达方式,受众在会心一笑的同时,也注意到了运动的重要性。

图 5-5　建议运动的公益广告

(二)恐惧诉求策略

科学实验发现,在情绪刺激物的作用下,人恐惧时体内会出现一系列相应的变化,如呼吸上升、心跳加快、血压增高,内心产生某种心理压力,令人紧张不安和感到压抑。由于这种状态的持续将损害身心健康,人就会自然产生一种解除心理压力的需要,这时也就更容易接受消除恐惧心理的指导。

因此,恐惧诉求策略是促使人们接受广告传达信息的一种较为有效的方式。

但是，人们对于恐惧会有不同的反应，过于强烈的恐惧刺激反而会促使人们逃避、忽略。在贾尼斯和费什巴赫所做的一次名为"防止蛀牙"的有关恐惧诉求的实验中，他们根据三种不同的信息设计了三种不同强度的恐惧诉求。实验结果显示，中等强度的恐惧诉求的效果是最好的，成功改变了实验对象的态度，而强度最高的恐惧诉求是最无效的。这说明了恐惧诉求的强度过大会引发较强烈的刺激，可能唤起某种形式的干扰因素，以致降低传播效果。

美国 CDC 的公益广告《戒烟者的忠告》选择了一些咽喉癌、肺癌的患者来对大家进行忠告，并拍摄了一些令人恐惧的画面，是典型的运用恐惧诉求策略的公益广告，如图 5-6 所示。

图 5-6　公益广告《戒烟者的忠告》截图

图 5-7 是一组倡导保护野生动物的公益广告截图，该广告倡导人们减少使用真皮制品。美丽、时尚的背后是血腥的杀戮，人们往往被美丽的外表蒙蔽，让无辜的动物陷入血腥暴行，每一块皮革的背后，都曾有一颗跳动的心脏……"时尚无须杀戮，美丽无须残忍。"这部公益广告的设定很简单，但对人们

的视觉冲击很大。

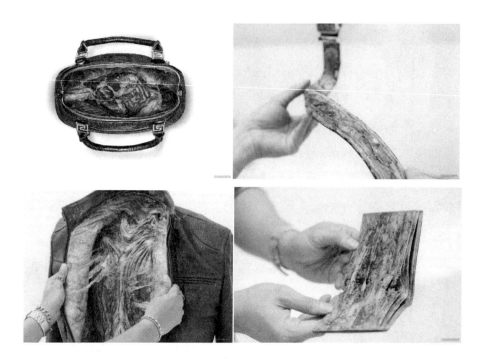

图 5-7 一组倡导保护野生动物的公益广告截图

在不同的国家，关于恐惧诉求的表现方式也不一样。在中国，受传统的社会文化影响，使用恐惧诉求的广告比较少，而且恐惧诉求的应用方式和欧美国家相比也会不同。

（三）比喻和象征

比喻型和象征型广告创意是指采用比喻和象征的手法，对广告的销售主张进行比喻和象征，用具有相似之处的其他事物进行说明，使销售主张更加鲜明生动，易于消费者接受。

广告中采用的象征物和产品在本质内涵上具有关联性，这种关联性一方面包含了相似性；另一方面是指在特定的文化背景下演变而来的、已具有某种特定含义的象征物，如鸽子象征和平，绿色象征环保和健康，玫瑰象征爱情等。

在运用比喻和象征手法时，应注意本体和喻体之间是否存在一定的相似性和类比关系，是否能够使观众产生一定的联想。图 5-8 就是运用比喻和象征手法的公益广告截图，倡导人们保护环境。

图 5-8 保护环境的公益广告截图

(四)夸张

夸张是指在客观事实的基础上对事物进行夸大的处理,从而获得令人惊讶和出乎意料的效果。

广告中的夸张是一种艺术的夸张,它建立在事实的基础之上,必须与主题有着深层的契合。应注意把握夸张的程度,避免过度夸张或夸张不足,使之能够被观众识别和理解。

图 5-9 是一则禁烟的广告,该广告运用了夸张的表现手法进行渲染。图中的老年人正在用生日蜡烛点燃香烟,然而看到蛋糕上的蜡烛才发现,画面中的老年人其实是刚满 42 岁的中年人。新颖的广告创意极具视觉冲击力和震撼力,最终传递给人们吸烟有害健康的信息。

图 5-9 禁烟的公益广告

四、网络公益广告案例分析

(一)文案资料

听见,花开荆楚

在快节奏的现代社会,我们常常身处高压的工作与生活环境中,仿佛被无尽的琐事与电子屏幕所包围。我们的时间被各种任务、计划和会议挤满,以至于我们无暇他顾,对大自然的亲近与欣赏已成为生活中的奢侈品,孩童时候的灿烂笑容似乎离我们越来越远。影片截图如图 5-10 所示。

图 5-10 孩子灿烂的笑容

在繁华的城市中,我们忘记了头顶的星空,忘记了脚下的草地,忘记了四季的更替。我们的心灵在忙碌的生活中变得疲惫而封闭,渐渐忘记了如何与大自然和谐共处,忘记了如何欣赏这个世界的美好。然而,亲近大自然,感受生命的气息,是我们缓解压力、恢复心灵健康的必要途径。影片截图如图 5-11 所示。

图 5-11 亲近大自然

（二）案例分析

《听见，花开荆楚》这部公益片的目的是和大众分享春天的声音，从而唤起人们亲近自然、走近自然的心理。影片以录音师的视角出发，在城市的每一个角落寻找"第一朵花开的声音"，去发现关于声音的信息。在观赏影片时人们渐渐发现，花开荆楚的声音不仅仅是自然的声音，更是春暖时节给人带来的心花盛开的喜悦。影片通过这样的呼唤，让看到该片的人都心生一种对大自然的向往。图 5-12 为蝴蝶在花朵上的镜头。

图 5-12　蝴蝶在花朵上

该片较为突出地运用了象征的表现手法，镜头捕捉着一切关于春天的声音。它们是一场春雨落下，是窗外的暖风卷动新萌的花蕊，是春天里第一只蝴蝶扇动翅膀，是生灵们从冬眠中醒来，是花田的孩童声……该片带领我们走遍荆楚大地，收集万物的新生，聆听自然的声音，较好地诠释了公益广告传播的是一种精神形态的观念，而不是物质形态下的商品。图 5-13 展示了春天里的金丝猴。

图 5-13　春天里的金丝猴

《听见，花开荆楚》在学习强国、湖北发布等平台上作为重点影片推荐，同时在 IPTV 等大屏同步推送，覆盖近千万用户，实现大小屏联动，再结合网络互动的特点，加大了信息传播内容的深度和广度。影片最后显示的"花开荆楚春日在，好梦常怀暖自来"再一次点题，花开荆楚，开的不仅是鲜花，更是我们每个人心里绽放的喜悦，是不败的心花！

第四节　网络音频节目的创作

一、网络音频节目的概述

在人类迈入新媒体时代以前，相比于视频，音频其实是更为成熟的信息传播媒介。从模拟广播到网络广播，从收音机到智能终端，音频始终能够随着技术的进步而改进，并在主流传播媒介中占据一席之地。在网络时代，网络音频节目也就应运而生。

网络音频在中国的发展大致可以分为三个时期。

第一个时期是网页零散音频时期，时间是 2000 年到 2004 年。这一时期的网络音频还处于自由发展阶段，只有一些零散的音频出现在博客和论坛上。

第二个时期是播客网站时期，时间是 2005 年到 2009 年。这一时期开始出现专门的音频从业者,他们建立了专门的商业化播客网站,催生了最早的一批播客节目制作者。

第三个时期是音频APP时期,时间是2010年至今。伴随着互联网和移动终端的发展,音频APP成功崛起、迅猛发展,并占据了不小的市场份额,喜马拉雅FM和荔枝FM等都是其中的佼佼者。这一时期用户开始大量涌入,网络音频行业也随之高速发展。

截至2020年底,国内网络音频用户规模已经突破3.5亿并呈上升趋势,如图5-14所示。

图5-14 2012—2020年中国网络音频用户规模及增长率

网络音频的定义可以分为广义和狭义两种。广义上认为,凡通过网络传播和收听的音频媒介内容都属于网络音频;而在狭义上,由于数字音乐已经形成了相对完备的独立体系,因此不属于网络音频范畴。除数字音乐之外,狭义上的网络音频主要包含音频节目、有声书、音频直播和网络电台。后文提到的网络音频节目,都会沿用狭义的网络音频概念。

二、网络音频节目的特点

网络音频不受时间和场景的限制,用户只要携带智能终端,就能随时随地收听。网络音频的内容也日渐丰富,能充分满足各类不同人群的精神文化需求。相较于传统广播,新媒体环境下的网络音频呈现出碎片化、智能化和个性化的显著特征。

（一）碎片化

网络音频节目种类众多，但它们有一个共性，就是每个音频的长度都保持在 5-20 分钟。这是为了顺应快节奏的生活方式，符合民众的需求。此外，网络音频节目还具备缓存功能，用户可以根据自己的喜好提前下载，确保自己收听节目的完整性。与传统广播节目准时准点的特点相比，这样的设置更有利于内容的传播与销售。

（二）智能化

以往由于广播节目较少，民众只能被动接受广播音频节目，但是在音频节目数量和质量与日俱增的今天，生产者和消费者的地位完成了转换。以前是广播放什么用户听什么，现在是用户想听什么就听什么。如今的网络音频又有大数据和人工智能的加持，各音频平台可以为每个用户推送其感兴趣的内容，用户的体验感会越来越好。

（三）个性化

在移动互联网技术不断成熟的今天，万物互联的理念已经深入人心。物联网正在悄无声息地改变人们的生活，也为音频行业带来了新的机遇。现在只要在手机上安装音频 APP，并将硬件与车载 USB 相连接，就能在行车途中随时随地听到自己喜欢的音频节目。

三、网络音频节目的创作方法与技巧

网络音频包含有声书、音频节目、音频直播以及网络电台等。在实际生活中，有声书、音频直播和网络电台对创作内容的要求并不高。有声书只是对书籍的朗读，音频直播靠的是主播的个人魅力，网络电台则有相对固定的节目内容。因此只有内容相对宽泛、创作相对自由的音频节目，才对创作内容有所要求。后文提到的创作方法也只针对音频节目这一类型而言。

音频的媒介特性具备信息属性、情感属性、娱乐属性和伴随属性四个特征，这也就决定了网络音频节目的创作方法与技巧会围绕这个四个属性展开。总结起来，网络音频节目的创作方法大致分为三个方面：一是采取故事化的结构，让节目充满吸引力；二是采用情感化的手段，突出感染力；三是塑造个性化的讲解风格，提升魅力。

（一）故事化的结构

一个精彩的音频节目应该像一个故事一样充满悬念，有起承转合，这样的节目才能对观众产生吸引力。应合理地设置悬念，可以在节目标题、简介中设置悬念，还可以在节目中利用情绪的铺垫设置悬念，节目的悬念越多，用户的兴趣也就越大。

除了设置悬念，还可以在节目中树立一个鲜明的人物形象，这个人物形象可以是讲述者自己，也可以是故事的主人公，还可以是故事的见证者。总之，利用细节和一些显著的性格特征，让用户对这个人物留下深刻的印象，那么久而久之，就会形成一定的用户黏性。

（二）情感化的手段

音频媒介的情感属性是其他媒介难以替代的，相比其他媒介，声音更加具有难以抗拒的感染力。因此利用声音媒介这一特性，可以在节目中加入适当的共情点，引发用户的情感共鸣。在互联网语境下，除了注重用户的个人感受，其对情感价值的诉求也不可忽视。

（三）个性化的讲解风格

得益于日趋成熟的互联网技术和开放包容的网络平台，网络音频节目的类型日渐丰富，数量也与日俱增，但同时节目同质化的问题日益显现。想要在众多同类型的节目中脱颖而出，音频节目的主讲人必须有独具个人特色的讲解风格。主讲人可以在节目中充分发挥自己的个人魅力，塑造一个智慧风趣的个人形象，还可以在节目内容中适当加入自己的个人理解和观点，以寻求观众的认同。

四、网络音频节目案例分析

（一）案例简介

《矮大紧指北》是由蜻蜓 FM 与高晓松联合出品的音频节目。节目包含"指北排行榜"、"文青手册"和"闲情偶寄"三个栏目。2017 年，该节目上线仅仅一个月，付费用户就超过 10 万人，成为当年现象级的网络音频节目。

《矮大紧指北》从选题到播出，都有高晓松的精心设计，能够成为爆款，绝非偶然。

（二）案例分析

1. 选题分析

在这档节目中，高晓松充分利用了网络媒介的特性，在选题时就充分考虑到用户的心理需求。大多时候他直接用互动的形式与用户一起确定后期的选题，这样不仅能增加用户的参与感、增强用户黏性，还能把握市场规律，了解用户需求。在这样的情况下，节目一直保持着不低的点击量和播放量。除了采用互动选题法之外，高晓松还尽量选取充满趣味性的选题和热点事件进行节目制作。这两种选题都能在用户群体中引起不错的反响和热烈讨论，便于提升节目热度。

2. 节目制作

《矮大紧指北》的制作严格遵循了网络音频节目的创作方法。高晓松在节目内容的故事化处理上做得非常好，节目的节奏按照故事的起承转合结构循序渐进，让用户始终对节目的发展充满好奇。高晓松的生活阅历非常丰富，这就让他在讲述一些故事片段时能够将自己的情感体验和人生经历融入其中，让观众更能产生情感共鸣。他独一无二的个人解说风格更是毋庸置疑的，这也是他的节目能够成为爆款的重要原因。

3. 播出的精心设计

《矮大紧指北》的每一期节目都保持在 10-20 分钟，这正是网络音频节目最适宜的时长，适配了当代用户的碎片化收听习惯。例如，对于节目《十大美人》，高晓松将其分割为5期，每期只讲两个美人的故事，通过知识点的分解完成节目内容的碎片化。此外，高晓松非常重视与用户的互动，除了与用户讨论确定选题以外，高晓松还设置了关于节目整改意见的留言区，以便随时根据用户反馈调整节目形式。

总的来说，高晓松制作的《矮大紧指北》极具高晓松个人风格，是一档非常成熟的网络音频节目。

第五节 网络综艺节目的创作

一、网络综艺节目的概述

随着数字技术和网络技术的不断进步，人们的生活方式发生了翻天覆地的变化。深受大众喜爱的综艺节目也在这一过程中悄然改变着。

2007年搜狐视频推出的自制综艺节目《大鹏嘚吧嘚》是中国第一档网络综艺节目。自此以后，综艺节目开始在网络平台上频繁出现。不过早期的网络综艺节目投入成本低，形式单一，以单人脱口秀节目为主。

自2014年《奇葩说》上线开始，网络综艺节目进入新的发展时期。此时的网络综艺节目呈现百花齐放的层面，新的题材和形式层出不穷，主流视频网站也开始加大投资力度，网络综艺节目向精品化发展。

网络综艺节目是指由网络平台或机构自制，在网络平台上播放的综艺节目。经过十多年的发展，网络综艺节目已经可以与电视综艺节目并驾齐驱，呈现出欣欣向荣的发展趋势。图5-15是2015—2018年中国综艺市场规模发展及增长率数据资料。

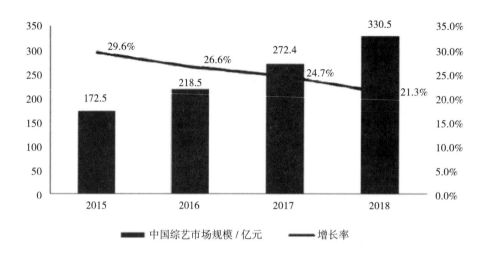

图 5-15　2015—2018 年中国综艺市场规模及增长率

二、网络综艺节目的特点

（一）内容：纵向垂直，横向融合

网络综艺节目与电视综艺节目最大的不同就在于其内容，传统的电视综艺节目讲究"合家欢"，要求老少皆宜，适合全家人在一起观看，节目的收看场景也是公开的。随着智能终端的普及，网络综艺节目的观看场景已经变成了手机、平板，这也就意味着观看具备了私密性和可选择性，这就给网络综艺节目的垂直深耕带来了必然性和可能性。

如网络综艺节目《中国有嘻哈》针对的用户是喜爱说唱音乐的小部分群体，《这！就是灌篮》针对的是喜爱篮球的用户。只针对特定群体的网络综艺节目却能频频成为爆款，甚至火出圈，这说明垂直内容的意义不仅在于取悦小部分群体，还在于为大众填补知识空白。对于大部分观众来说，以全新的视听感受去接触一个崭新的领域，也是一种新奇的体验。

从横向来看，网络综艺节目尝试将不同维度的内容和知识进行融合。如《女儿们的恋爱》将演播室场景与现实生活场景相融合，《超新星运动会》邀请明星们参与竞技体育，完成了一次跨界融合。这种融合的尝试不仅丰富了网络综艺的类型，还给观众带来了全新的观看体验。

（二）传播：视频平台推送和社交平台造势

极光大数据发布的《2018年网络综艺观众研究报告》显示，超过56%的观众是通过视频平台的推送宣传获取网络综艺节目相关信息的，其次是通过微信和微博获取信息。

在视频APP普及率极高的今天，平台的推送是最行之有效的营销手段。用户能在第一时间接收到推送信息，并实时了解相关动态。社交平台的造势也不可小觑，微博热搜和微信热文都是爆款综艺节目的制造机。

从具体手段来看，网络综艺节目的传播方式就是话题传播。综艺节目出品方通过在社交媒体上发起相关话题，吸引网民主动参与转发讨论，从而提升节目热度。这种方法不仅能够适应用户碎片化的观看方式，还能增强传播效果。综艺节目出品方往往会截取一期节目中的精华部分或者具备讨论价值的部分，发布到社交媒体，并鼓励用户积极参与讨论。他们还会根据不同平台的特性，搭配对应的文字、图片或者制作短视频进行宣传，以达到最佳传播效果。如《奇葩说》有关"救猫还是救画"的那一期节目，就在各大社交媒体引起了广泛讨论，带动了节目的热度。

（三）商业：明星效应、粉丝经济和广告招商

如今的网络综艺节目为了吸引流量，往往会花大价钱请来明星助阵。有明星自带流量入场，综艺节目就可以轻松地打开市场的突破口，方便后续的品牌宣传。至于请明星的钱，就由流量变现的那一部分来承担，在这一层面上，明星和网络综艺节目算是双赢的局面。

粉丝经济是网络综艺节目的一大变现手段，以偶像养成类综艺为例，从投票支持到成团出道，每一个流程都依靠支付意愿强的粉丝群体来完成。其他类型的网络综艺节目，也会通过知识产品或IP实体化等手段，从节目粉丝处将流量变现为经济利益。

广告招商是网络综艺节目最大的特色，相关数据显示，网络综艺节目收入的90%都来源于此项。网络综艺节目发展至今，投资成本高，粉丝基数大，

招商金额自然也是水涨船高。除了冠名广告之外，更多的广告都以软植入的方式出现在综艺节目中，它们可以是节目组使用的道具，也可以是节目组指定的食品或饮品，还可以是由节目嘉宾完成的创意口播。

三、网络综艺节目的创作方法与技巧

（一）增强节目内容的互动性

网络综艺节目的一大突出特征就是高互动性。网络平台实质上将用户的社交关系转移到了互联网上，具备相同兴趣爱好的群体被聚集在一起，能够极大地激发用户参与的积极性。这个时候节目的内容设计就要考虑到互动的因素，评论和弹幕功能是加强用户交流的功能，但是还远远不够。

由于网络综艺节目大多采取边拍边播的模式，因此节目播出期间，创作者可以在节目评论区以及各大社交媒体上积极搜集网民意见，根据反馈实时调整节目内容。在制作直播类节目时，还可以让观众直接参与其中，打造全民互动的娱乐场景。总之，网络综艺节目是为用户服务，在创作和设计上要充分考虑用户的体验感，积极与用户进行互动，满足用户要求。

（二）打造快节奏的叙事方式

网络综艺节目的时长一般控制在60分钟左右，同时为了适应碎片化的时代节奏，创作者尽可能增加环节，压缩各个环节的时长。这是为了避免观众在长叙事中对节目感到乏味。如综艺《火星情报局》的叙事节奏就非常快，在一个小时的时间里往往能引出4-5个话题，数千个镜头的剪辑效果保证了观众随时有新鲜的观看体验。

（三）选取能激发兴趣的话题

选择合适的话题，不仅是节目效果的需求，也是社群传播的需求。互联网是后现代文化媒介，后现代主义的特征就是距离感的消失。在移动智能终端技术的辅助下，网络综艺节目实际上成为"点对点"的传播，再加上当前对网络综艺节目的管理相对宽松，选择话题时会更加自由。例如，《奇葩说》中出现

的一些辩题就常常涉及观众个人对生活态度的抉择，如"没钱要不要生孩子"这样私密性极强的话题。

网络综艺选取合适的话题作为讨论对象，不仅可以满足观众的精神文化需求，还能够激发大众的观看兴趣，也便于凭借相关话题在社交媒体中进行传播和营销。

四、网络综艺节目案例分析

（一）案例简介

《脱口秀大会》是由企鹅影视和上海笑果文化传媒有限公司联合出品的网络综艺节目，于2017年在腾讯视频首播。节目播放至第三季时，平均每期节目的播放量已经超过1亿，其中"脱口秀大会"在微博的阅读量高达54亿次。第三季决赛时，更是斩获了44个热搜，成为国民级综艺节目。这款横空出世的爆款网络综艺节目成为一个引人注目的文化现象。

《脱口秀大会》经过三季的积累，已经成为中国脱口秀行业顶级的竞演舞台。节目不仅培养了一批脱口秀文化偶像，还以脱口秀的个人表达形式引发了大量的群体共鸣，制造出了一场盛大的后现代主义狂欢。

《脱口秀大会》无论是定位、选题、嘉宾阵容还是营销方式，都有其独到之处。

（二）案例分析

下面，我们以《脱口秀大会》第三季为案例，解析网络综艺节目的创作技法。

1. 自身的定位

在《脱口秀大会》诞生之日，节目主持人就提出："人人都可以说5分钟脱口秀。"这直接拉近了大众与脱口秀这个看似陌生的行业之间的距离。在观看其他专业类的综艺节目时，观众可能会赞叹，可能会感到惊艳，但很少会产生"我上去说不定也可以"的想法，而脱口秀不一样，主持人自己也经常在节目中强调，脱口秀是没有门槛的。

脱口秀的形式满足了底层人物"发声"的需求，这种发声可以是表达态度，可以是申明立场，还可以是对纯粹自我的展现。这样的自身定位让《脱口秀大会》节目爆火的同时，还带动了线下脱口秀行业的发展。行业发展也反哺《脱口秀大会》，为《脱口秀大会》持续输送新鲜人才。这也是《脱口秀大会》能始终保持活力和竞争力的原因之一。

2. 精准的选题

节目组的选题高度平民化，除了保证每个选手都能够有话可说、有槽可吐之外，还保证了观众的参与热情。例如，在《脱口秀大会》第三季第二集中，节目组选取的主题为"不就是钱吗？"关于钱的话题是每个人都离不开的，学生们为生活费发愁，白领们为房贷发愁，每个时期的人们对金钱都有不同的看法。

而对于钱，我们到底应该采取什么样的态度去对待呢？这显然是一个开放的命题，没有标准答案。在这个话题中，脱口秀演员结合他们自身的生活经历，分享自己与钱有关的故事，再抛出一个或深或浅的观点，能让观众在得到娱乐的同时也有一些收获，这也正是节目的立足之本。

3. 嘉宾阵容的选择

在《脱口秀大会》中，嘉宾阵容往往非常具有代表性，同时自带话题流量。以《脱口秀大会》的领笑员李诞为例，他在社交媒体中的标签是"叛逆""诗人""人间清醒"，但是在《脱口秀大会》的舞台上，你看不到这些标签，他在舞台上展现出来的形象就是一个小眼睛、爱笑、会讲段子的普通男人，他擅长的是消解权威、调侃现实。这种形象很受观众欢迎，也为李诞圈粉不少。

除此之外，《脱口秀大会》邀请的嘉宾也很擅长制造节目效果。在第三季中，节目组邀请了互联网的话题人物罗永浩作为常驻嘉宾，在"是终点也是起点"这一期节目中，罗永浩坦诚分享了自己还清6亿元债务的经历。这位饱受挫折的理想主义者用幽默风趣的语言直面自己遇到的苦难。这种笑对人生的态度也正是脱口秀节目存在的意义之一。

4. 营销方式的规划

与其他网络综艺节目不同的是，《脱口秀大会》除了在线上进行社交媒体矩阵的营销之外，还在线下发展新人，吸引新的观众。脱口秀"线下开放麦"的形式吸引了很多素人参与，《脱口秀大会》后续的不少新人都是从"线下开放麦"成长而来的。这种营销方式除了能为脱口秀行业持续输送新鲜血液外，还能保持脱口秀的热度，培养稳定的市场。

此外，在李诞的策划下，《脱口秀大会》节目中脱颖而出的演员们还有机会在线下进行巡演，这无疑是拉近演员与粉丝之间距离的绝佳手段。线下巡演的方式还能增加脱口秀演员的收入，保持他们的创作热情。对于脱口秀行业而言，这是绝佳的营销和发展手段。

第六节　短视频的创作

一、短视频的概述

短视频由于具有短小精悍、传播性广和娱乐性强等天然优势，近几年已经逐渐融入人们的生活之中。在快节奏的互联网时代，短视频完美符合了用户对娱乐方式的要求。截至2021年，中国短视频用户规模已达9.34亿，使用时长已经超越即时通信，成为占据人们网络时间最长的领域。

短视频虽然发展迅速，但是由于出现时间太短，学界还没有一个统一的定义。艾瑞咨询发布的《2017年中国短视频行业研究报告》中将短视频定义为"播放时长在5分钟以下，基于PC端和移动端传播的视频内容形式"。该报告还指出，短视频的"短"并不是指长视频的缩短，而是基于碎片化消费习惯所形成的时长短的特性。

随着短视频的快速火爆，不少短视频应用相继推出。在相当庞大的用户规模下，具备娱乐和社交两个属性的短视频类应用日益成为人们日常生活不可分割的一部分。

二、短视频的特点

（一）门槛低

短视频的创作门槛极低，几乎任何用户都可以用手机拍摄一个视频，再利用短视频平台的剪辑功能完成短视频的创作。短视频是一种全民化的娱乐形式，对文案创作、拍摄技术以及剪辑技术等都没有硬性要求，出现在短视频中的人物也并不需要多么高超的演技，这就意味着人人都可以是短视频的内容创作者。

（二）传播快

短视频由于具有碎片化、时长短的特性，传播速度极快。一个视频从创作、发布到爆火，往往只需要很短的时间。再加上短视频符合当代人们的生活节奏，人们在乘坐公交、地铁和排队等候等碎片时间，都能拿出手机刷几条短视频。在这样的环境下，短视频具备极高的传播性。

（三）社交属性

随着各大短视频平台的发展壮大和平台用户基数的增加，短视频逐渐具备社交属性。除了娱乐类短视频以外，注重个人生活表达的记录类短视频也慢慢兴起。短视频相比朋友圈一类以文字、图片的形式记录个人生活的社交工具，能够更直观地展现创作者的第一视角，更方便拉近人与人之间的距离。

三、短视频的创作方法与技巧

（一）视听语言简约化

与传统的影像形式不同，短视频的创作者大多并非专业技术人员。无论是文案创作、拍摄构图，还是后期剪辑，短视频都展现出一种无意识的任意性，这种任意性导致短视频的视听语言往往极其简约。

因此，在短视频的创作过程中应侧重于情绪表达而不是审美表达。例如，在短视频中使用一镜到底的手法，更能让观众感受到情绪和故事的连续性，满足观众的情绪需求。

为了弥补画面的薄弱，短视频往往会使用不同的声音来增强戏剧效果。在短视频中合理地使用声音，甚至将声音作为主导元素，能够达到较好的效果，背景音乐、音效，以及人声旁白等都是不错的声音元素。

（二）叙事样态的片段化

短视频时长偏短的特性导致其很难讲述一个完整的故事。因此短视频在叙事上普遍趋于片段化，这里的片段化不只是故事内容的片段化，也包括故事结构的片段化。

故事内容的片段化指的是创作片段式的故事。故事可能并不完整，没有起因和背景交代，更像某个完整故事中的一个高潮片段。

故事结构的片段化则是指对传统故事结构的解构和精简。例如经典的三段式故事结构为"建置、对抗和结局"，而在短视频中这种结构会被再次精简，很多短视频中基本看不到"建置"部分，视频会着重讲述对抗部分。

这种片段式的视频内容就要求创作者抛开传统叙事样态的束缚，将故事和镜头趋向生活化的表达。同时为了达到吸引眼球的效果，视频在极短的时间内还要完成一些出其不意的反转。虽然由于缺少铺垫，这种反转会有些生硬，但是在快节奏的短视频中这并不算硬伤，反而能起到不错的引流效果。

（三）叙述方式个性化

短视频的创作门槛低、成本低、产出快，缺乏个性的短视频会很快淹没在数据的海洋里。因此短视频的个性化对创作者来说是必不可少的，短视频的个性化主要分为视角的个性化和叙事的个性化。

个性化的视角是指镜头聚焦的视角需要具备独特性。例如，账号"朱一旦的枯燥生活"发布的系列短视频，就是以一个有钱人"朱一旦"的视角来讲述一个个离奇搞笑的故事。这样的有钱人在人们的日常生活中并不常见，视频通过有钱人的视角来讲平凡人的故事，这就拉近了视频与观众之间的距离。

个性化的叙事则是指非传统的讲述方式。比如很多爆火的短视频并不是通过镜头去拍摄一个完整的故事，而是通过一人分饰多角或者模拟虚拟情景完成故事的讲述。这种讲述方式完全消解了镜头带给用户的权威感，会让人感觉这就是日常生活的展现，用户还会将一些有趣的片段映射在自己身上，觉得这就是自己会做的事情，从而加强对故事内容的认同感。

（四）叙事时空扁平化

叙事时空的扁平化分为时间和空间两个部分，短视频的创作在时间上是短暂的，在空间上是平面化的。

时间上的短暂是指一个视频内容所经过的时间往往不会太长，大部分故事都在同一场景中完成。有些视频为了加快节奏，甚至会刻意使用倍速功能，加快语速和时间流速，从而压缩时长。

空间的平面化是指视频对场景的表现普遍趋于浅、平、窄。在短视频的叙事方式中，人物和道具才是镜头表现的重点，再加上短视频中流行的竖屏模式，让景别的纵深变弱，人物的表现变强，因此空间的平面化变得非常必要。

四、短视频案例分析

短视频爆火以来，网红名人层出不穷，每隔一段时间就会捧红一个IP，但是少有人能在这个领域长久地保持影响力，但"Papi酱"是一个例外。

（一）案例简介

"Papi酱"本名姜逸磊，本科毕业于中央戏剧学院导演系，硕士毕业于中央戏剧学院表演系。她在进入短视频领域以前，就在影视领域积累了大量经验和专业知识，这也正是她的优势所在。

2015年7月，"Papi酱"开始在微博上发布搞笑短视频，但起初并没有引起太多人的关注。直到同年8月27日，"Papi酱"发布的《男性生存法则第一弹：当你女朋友说没事的时候》被网友大量转载。自此，这个"集美貌与才华于一身的女子"正式进入了网民的视线，她也获得了当年的超级红人节微博十大视频红人奖。

此后，"Papi酱"长期稳定更新短视频，直至今日，仍保持一定热度。

（二）案例分析

下面，我们以"Papi 酱"的作品为例来解析短视频的内容创作。"Papi 酱"的视频具备两个显著的特征：一是入木三分的吐槽；二是嬉笑怒骂的表演。

1. 自身优势

"Papi 酱"本人是导演和演员出身，这个得天独厚的优势被她充分利用，展现在她的作品里。她的视频大多以自己为主角，整个视频内容并不是发生在同一场景中，在此基础上，她采用了一种她本人称之为"精分"的表演方法，即自己跟自己演对手戏，靠镜头切换来实现完整的叙事。

例如，在短视频《美女的烦恼你们根本就不懂》中，她同时扮演美女和美女的朋友两个角色。美女在向朋友倾诉自己的烦恼，说得声泪俱下，而朋友听到这些内容，觉得价值观受到了冲击，于是全程都用表情表达自己震惊和疑惑的情绪。这两个角色性格几乎完全相反，但在她的演绎下，甚至会让人感觉不到是同一个人演的。这种由同一个人扮演出来的反差感极具喜剧效果，能够满足观众的审美需求。

2. 道具和场景布置

"Papi 酱"系列视频使用的道具和场景都很简单，非常生活化和日常化，这样的选择似乎与她精准的选题和出色的表演有些相悖。但正是这样简单而朴素的场景、道具，和她出色的表演形成了一种滑稽的反差感。这种反差就像有人在跟你在一本正经地开玩笑一样，具有不错的喜剧效果。

3. 批判的风格

短视频领域相对比较流行的其实还是去深度化的娱乐类短视频，"Papi 酱"的批判类视频在其中算是一个异类。她的选题都是在还原现实生活中的真实场景，通过夸张的文本和表演达到讽刺的效果。对生活中很多常见的不良或者不文明现象，她都毫不吝啬地加以批判。

例如，在《男人的谎言》中，她扮演了各色各样的男人，说出了一句接一句的谎言，如"我真的没有私房钱""我打完这局游戏就来"等。这样的句子在日常生活中其实很常见，她将其进行总结归纳，就能引发很多女性的共鸣。

4. 观点独到

"Papi酱"自始至终都是以一个普通人的视角去观察生活、总结现象，并提出自己独到的观点。这样的视角让她在批判的同时，不会让任何人觉得自己被冒犯，反而会不自觉地认同她的观点。

例如，在视频《你说话滴水不漏，我挑刺见缝插针》中，她讽刺了"杠精"群体，对"杠精"喜欢抬杠、挑刺的现象进行了无情的讽刺。她本人在视频中扮演的就是被挑刺、被抬杠的角色，因此观众很容易通过她的情绪变化来代入她的情绪，回想起自己被"杠"的经历，从而认可她的观点。

总而言之，在商业化的浪潮中，"Papi酱"能够始终坚持自己的价值观，创作出同时具备娱乐和价值引导功能的高质量短视频，是十分难得的。

第七节 网络直播的创作

一、网络直播的概述

随着互联网技术的发展，网络直播作为一种新的娱乐和营销模式逐渐普及。近几年，网络直播凭借其直观便捷、内容丰富以及互动性强的特征成为一种极具潜力的网络文化，受到了越来越多的关注。

2016年，网络直播从传统的游戏直播、秀场直播扩展到了更具普适性的泛生活、泛娱乐直播，网络直播用户也随之扩展到了整个网民群体，我国正式进入全民网络直播时代。因此，2016年被称为"网络直播元年"。此后网络直播用户规模迅速扩大，截至2020年底，我国网络直播用户规模已突破6亿。

网络直播并没有一个统一的定义。从类型上看，网络直播大致可以分为两类：一类是网络电视直播，即在网上提供电视信号的观看，例如各类体育比赛和文艺活动的直播，这类直播的原理是将电视（模拟）信号通过采集，转换为数字信号输入电脑，实时上传至网站供人观看，相当于"网络电视"；另一类是人们所了解的"网络直播",在现场架设独立的信号采集设备(音频+视频)导入导播端(导播设备或平台),再通过网络上传至服务器,发布网址供人观看。

从媒介形式上看,后一类网络直播包含了文字、图片、音频和视频内容。例如一些新闻网站会将现场情况第一时间以文字、图片的形式发布,一些体育网站有图文直播专区,许多网络电台都会设置音频直播栏目。本章节提及的网络直播仅指通俗意义上的视频直播。

二、网络直播的特点

(一)直播内容的泛娱乐化、多元化

网络直播兴起以来,直播内容不断丰富,从最初的游戏直播到随后的秀场直播,如今网络直播已经涉及生活的方方面面。现在,用户可以打开网络直播平台欣赏一场歌舞表演,或者跟随主播来一场"沉浸式"健身,甚至能够跟志同道合的网友们一起完成一次学习。移动互联网技术的成熟和5G技术的普及更是为网络直播的普及提供了强有力的技术支持,用户可以随时随地打开手机体验一场直播。

(二)内容传播的实时互动性

网络直播最大的优势就是实时互动性,这种互动性体现在两个方面:一个方面是主播与用户的互动;另一个方面是用户之间的互动。

由于网络直播的实时特性,网络主播可以随时对观众的评论做出回应,或者对直播内容进行实时调整。这不仅最大限度地保证了直播效果,还能维系主播与用户之间的关系,有利于主播培养粉丝群体。在这种互动过程中,主播能从观众的评论中得到反馈信息,观众的需求也能得到满足,实现双向的认同和满足。

用户之间的互动也是网络直播文化中不可缺失的一环,弹幕的兴起就是这种文化现象的代表。直播中,用户之间能够通过实时弹幕实现高效的交流沟通。

许多网络主播的直播间形成了独特的弹幕文化，并因此吸引了更多的用户加入自己的粉丝群体。

（三）从业人员的娱乐化、商业化和职业化

网络直播崛起后，很快进入了全民直播时代。"人人都能参与直播，人人都能当主播"并不是一个空泛的口号。在长期的发展过程中，网络主播逐渐形成了娱乐化、商业化和职业化这三个特征。

网络直播归根结底是一种娱乐形式，最大的意义就是满足用户的娱乐需求，因此娱乐化是网络直播的必然要求。例如在各大游戏直播平台，技术好的游戏主播并不一定能得到最多的关注，反而是能够制造节目效果、娱乐观众的主播收获了更高的人气。

主播商业化和职业化也是必然的趋势。近年来，网络直播活动无论在用户规模还是经济规模上都实现了高速增长。截至2019年底，我国网络直播活动的经济规模已突破1000亿，预计到2026年将会达到4722亿。如此庞大的市场规模必定会催生出专门的从业人员，而随着网络主播职业化，直播商业化也就成了必然趋势。这不仅对网络主播自身提出了要求，还催生了一大批网络主播经纪公司。

三、网络直播的创作方法与技巧

网络直播的娱乐性决定了网络直播是为用户提供服务的。因此网络直播的内容创作也就离不开对用户心理需求的把握。

（一）抓住用户心理，寻求认同

网络直播的兴起与当代年轻人面临工作与生活的压力不无关系。生活节奏的加快让许多人不堪重负，只好在网络世界中寻求放松。在众多的网络主播中，只有能够让用户产生心理认同的主播才能够留住用户，比如相似的社会经历、对社会热点事件的相同看法，或者相似的爱好等，都能让直播观众产生心理认同，甚至映射出自己理想的预期。

因此，网络直播内容的创作最重要的就是定位，其中既包括主播的自身定位，也包括直播内容的定位。只有从定位上满足观众的心理需求，才能得到最好的直播效果。

（二）提供新奇体验，满足好奇

好奇心是人类的天性，网络直播的兴起正好给当代互联网网民们打开了一扇观察世界的窗户。五花八门的直播内容满足了直播用户的好奇心，而网络直播内容的创作更应注意为用户提供新奇体验。

直播用户的好奇心大致分为两类：一是对名人日常隐私的窥探；二是对普通人特殊技能的好奇。

作为名人而言，直播内容的设计可以趋于日常化和生活化。对于普通观众来说，名人的日常生活是他们平日里难以见到的，这样的直播内容可以在很大的程度上引起用户的兴趣。作为普通人而言，则恰恰相反，直播内容应该注重差异化和个性化，确保自己在同类型直播中的竞争优势。

（三）完善细节设计，刺激消费

网络直播的立足点是娱乐，落脚点是商业。网络直播需要通过娱乐观众来赚取商业价值，因此通过直播内容的细节设计来刺激用户消费也是直播内容创作的关键。

在直播间对主播进行打赏已经是一种成熟的粉丝经济模式，而在这一过程中除了平台相关机制和奖励的设置，主播的细节引导也很重要。例如主播可以通过分级管理的方式，对消费较多的粉丝群体授予特权，当然，更为重要的还是直播间的内容输出要能够满足用户的审美心理。

四、网络直播案例分析

网络直播凭借其天然优势，已经逐渐成为互联网行业品牌营销的佼佼者。网络直播不仅宣传效果好、成本低，还具备极强的用户黏性，能够很快获得用户群体的信赖。下面我们以淘宝网购物直播为例，来阐述优秀的网络直播内容设计所带来的品牌营销效果。

（一）案例简介

淘宝网于2003年由阿里巴巴集团创立，是中国深受欢迎的网购零售平台，用户规模和经济效应都稳居前列。截至2020年，淘宝用户数量已达7.55亿。淘宝直播是阿里巴巴集团推出的消费类直播平台，是一种通过边看边买的形式来推动消费的举措。2019年，淘宝直播全年的成交额达到3500亿元，淘宝直播也因此成为淘宝营销策略的重要一环。

淘宝直播能够成功的最大原因，就是抓住了广大消费者的消费心理。

（二）案例分析

近年来，随着人们消费水平的提升，消费质量逐渐成为人们关心的话题。"小红书"一类"种草"型的APP开始走红，究其原因正是人们对购物的要求越来越高，都希望买到自己想要的产品。淘宝直播就在这样的风口下火了起来。

1. 平民化的商品介绍

在淘宝直播中，主播们会以平民化的视角来详细介绍商品，并通过实时的互动交流来确保信息的有效输出。淘宝直播依托淘宝平台，商品覆盖了日常生活的各个领域，每个年龄阶段的人群都能找到适合自己的商品和直播间。

在直播的过程中，主播会不断通过丰富的肢体语言和具有煽动性的口头语言来刺激用户进行消费，例如，"买它"这样的词汇不仅在淘宝直播中得到了消费者的广泛认可，甚至破圈成了互联网金句。此外，消费者通过主播传递的商品信息，能够提高消费质量，避开消费陷阱，从而增强购买欲望。

2. 准确定位消费群体

在淘宝直播中还有一个特殊的现象值得提及，那就是女性消费者的非理性消费明显增加，例如并非生活必需品的口红及其他化妆品成为消费市场中不可忽视的一部分。

"口红一哥"就是因为口红的带货直播而出名的，在针对女性用户群体的化妆品直播中，多数女性本身没有购买欲望，但在观看直播的过程中，被主播宣扬的某种功效所打动，一瞬间产生了购买欲望；再加上"三八女神节""双十一购物狂欢节"等节日营销的推动，女性群体成为互联网消费主力。直播购物的风潮有愈演愈烈之势，淘宝直播也得以成为网购市场上最为火爆的商品推广形式之一。

3. 网红效应

直播购物的爆火带火了一批带货主播，他们成名之后，名气和流量对直播平台也进行了反哺。随着他们的粉丝群体越来越大，也形成了一定的网红经济效应，能够得到他们推荐的商品往往不愁销量。这样，直播平台和主播相辅相成，构建了以流量带动销量的网络直播营销模式。

思考题

一、网络纪录片和传统纪录片的区别有哪些？

二、在网络语境下，纪录片如何为市场做出相应的调整，以适应当今社会的审美需求？

三、以《我在故宫修文物》为例，分析其成功的要素有哪些。

四、网络宣传片从目的、内容和宣传方式的角度可以分为哪几类？

五、网络宣传片的特点有哪些？

六、常用的网络宣传片的创作方法与技巧有哪些？

七、以《江南之恋》为例，分析网络宣传片是如何与品牌定位相结合的。

八、什么是网络公益广告？网络公益广告有哪些作用？

九、网络公益广告的特点是什么？

十、网络公益广告的创作方法与技巧有哪些？

十一、网络音频节目的创作方法与技巧有哪些？

十二、网络综艺节目的创作方法与技巧有哪些？

十三、短视频的创作方法与技巧有哪些？

十四、网络直播的创作方法与技巧有哪些？

第六章　网络视听节目精品生产策略与保障

【目标】

通过本章的学习，学生应认识到网络视听节目精品生产的重要性，熟悉网络视听节目精品生产策略，懂得加强网络视听节目的保障机制建设的重要性，自觉营造良好的网络视听环境，并不断增强法律法规意识，提高网络视听节目精品生产能力和创新实践能力。

新时期，原创网络视听节目在数量和质量上都不断提升，但是其创作生产仍然面临不少问题。比如：文化艺术水准良莠不齐，很多节目制作粗糙、滥竽充数，盲目跟风、模仿抄袭和同类同质扎堆问题十分突出，片面追求经济利益和网络点击率，个别机构甚至脱离核心价值理念，推崇娱乐至上，内容低俗、庸俗、媚俗等，这些都严重影响了网络视听节目的健康文明发展。

第一节　网络视听节目精品生产策略

随着互联网技术的快速发展，网络视听节目的规模和影响迅速扩大。《2021中国网络视听发展研究报告》中明确指出，截至2020年12月，我国网络视听用户规模已达9.44亿，比2020年6月增加4321万，如图6-1所示。面对群众日益高涨的精神文化需求，急需推动网络视听节目精品化发展，进一步促进网络视听行业健康蓬勃生长。

第六章 网络视听节目精品生产策略与保障

图 6-1　2018—2020 年网络视听用户规模

那么，什么是精品？精品应当是认真创作、精心打造的作品，它应当具备铸魂魄、接地气、聚人气的能量。铸魂魄是指作品要坚持以习近平新时代中国特色社会主义思想为灵魂，呈现社会主义核心价值观；接地气是指它要真切表现我们生活的这片土地上的人们的所感、所思、所盼、所愿；聚人气是指作品要采用人民喜闻乐见的形式，并且能温暖人、感染人、教育人、团结人、鼓舞人，弘扬真善美，传递正能量。

近年来，流量为王、IP 为王的模式已经开始失灵，取而代之的是内容为王的视听节目精品创作理念。为了更好地推动网络视听节目在价值观和制作品质等方面不断实现精品化，国家制定实施了一系列政策并取得了显著成效。然而，精品化创作并非一蹴而就，而是需要不断地凝练，积极探索网络视听节目精品生产策略。图 6-2 所示为网络视听节目付费内容市场调查数据。

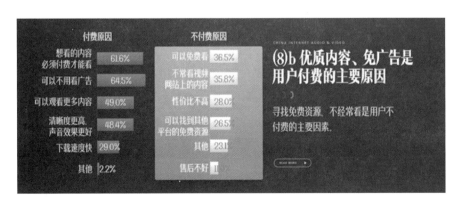

图 6-2　网络视听节目付费内容市场调查

一、地域文化与原创性相结合

地域文化的独特性和原生性特征,决定了其适合于网络视听节目精品的开发和创作。网络视听节目要善于结合不同的地域文化和地方特色,不断发现和挖掘地域性特点,将优秀传统文化元素巧妙融入网络视听节目的主题、内容、制作和宣传中,逐步形成独具特色的原创网络视听节目。

网络视听节目要想在原创性上取得突破,不仅要在制作上下功夫,更多的是要与独特的地域文化相结合,能够传输一种特有的文化价值观,传播具有地域特色的优秀文化,从而更好地激发人们的乡土人文之情。

(一)打造原创性题材

地域文化能够提供更多、更丰富的创作思路和灵感源泉,网络视听节目要想与地域文化进行高质量的融合,就需要在创作过程中对不同地域所呈现的优秀精神、文化内容进行提炼,要有宏观视野,善于从中国博大精深、兼容并蓄的文化海洋中去挖掘地域文化符号,打造原创性题材。

近年来,一大批原创综艺节目如《中国诗词大会》《国家宝藏》《儿行千里》《喝彩中华》等先后深耕中国的诗词文化、文物文化、家风文化、美食文化、戏曲文化,用新颖的题材和创新的形式向世界发出了"中国声音",彰显出充分的文化自信。近年来网络上出现的一批优秀题材作品如图6-3所示。

图6-3 近年来出现的优秀题材作品

2020年，真人秀节目娱乐性明显降低，转而融入公益慈善、传统艺术、现实生活等元素。比如，《功夫学徒》是全国首档跨国职业体验类纪实节目，第二季《功夫学徒之走读中国》聚焦"脱贫攻坚决战年"，邀请各国学徒走进中国新乡村，读取"扶贫密码"，讲述新时代"外国人的中国故事"。

又如，《山海情》《觉醒年代》《大江大河2》《三十而已》《跨过鸭绿江》《隐秘而伟大》等电视剧善于挖掘题材亮点，突出不同时代、不同地域、不同群体的文化特色，致力于追求思想性、时代性、艺术性、观赏性的有机统一，从而收获了观众的好评和赞誉。

（二）坚持原创性制作

网络视听节目要善于从制作手段和形式上深化地域特色，既要宏观把控，也要有微观视野。在视听节目的物料制作和宣传手段上要坚持原创，具体体现在视听节目的板块设置、舞美设计、宣传片、海报、服装、化妆、后期剪辑等各个方面既要有地域文化气息，要敢于"接地气"，还要避免简单的"拿来主义"，真正在制作上展现出专业性、独特性和新颖性，同时要注意鉴别糟粕与精华。

比如，央视推出的纪录片《如果国宝会说话》通过脑洞大开的海报、文案和视频，运用高科技的呈现方式"让文物活起来"，既古典又现代，既时尚又高雅，引发了很多年轻观众的追捧，这对综艺节目的制作也有颇多启发。

又如，在动画片的表达与创作中，湘绣与湘西蜡染都为动画创作者带来了新的创作思路与灵感。在动画片的表达中，采用剪纸动画的制作方法，凭借湘绣或者湘西蜡染创造出一种带有湖湘文化特色的动画片。在动画片的创作中，湘绣与湘西蜡染在构图与着色上都有着自己不拘一格的方式方法，借鉴其独特的构图特点，可创造出带有传统气息的动画作品。

再如，短视频中的豫剧、沪剧、苏州评弹、四川评书等恰恰以方言的魅力和原生态的感觉，使艺术样式的独特性和辨识度更为凸显，散发出别样的本土化气质。短视频选择深具独特地域化特色的艺术样式进行传播，能够得到更多地方用户的关注和喜爱。

(三)深挖中华文化元素

要打造网络视听节目精品,就要将整个创作与中华优秀传统文化巧妙地融合,既有传承,又有创新,令观众在视觉与听觉的双重享受下,更好地接受中华文化的熏陶。图6-4为具有中华文化元素的动画片作品。

图6-4 具有中华文化元素的动画作品

坚持网络视听节目"中国造",既是出路,也是使命。在创作中要深挖中华优秀传统文化元素,要有本土视野,展现中国人的价值观,符合中国人的情感表达和审美需求。只有具有中华基因和中国特色、中国风格、中国气派的自主创新节目,才能更好地承载中国梦主题、中国社会主义核心价值观和中华优秀传统文化,才能更好地弘扬中国精神,传递中华文明。

比如,央视原创文化节目形态涉及益智竞技类、文化综艺类、专题纪录类、真人秀等。这些原创文化节目所涉及的优秀传统文化元素包括汉字、诗词、成语、谜语、戏曲、文物等,弘扬和传承了中华优秀传统文化,丰富了国民的精神文化生活,受到了社会的一致好评。

以戏曲类视听节目为例,央视原创的文化节目《中国戏曲大会》《中国戏歌》以及湖北卫视推出的《戏码头》等,不仅展示了中华传统戏曲文化"唱念做打"的魅力,更把戏曲背后的故事、情愫、文化底蕴掰开了、揉碎了,让受众细细品味。受众会发自内心地爱上这种艺术,愿意在闲暇时光去学习、去品味、去鉴赏、去传播、去传承这种艺术。

（四）紧跟时代主旋律

网络视听精品创作要将地域性、文化性和时代性统一起来。网络视听节目创作者要聚焦新时代，紧跟时代主旋律，要与时代同频共振、形成声势，增强原创作品的传播力和影响力；要自觉肩负时代责任，不断调整和更新创作理念；要纵观时代发展的方向，把握时尚的动态和脉搏，并将地域特色文化融入创作环节，使人们在欣赏作品时能够感受到作品当中蕴含的浓厚时代气息和地域特色文化气息。图 6-5 是近几年出现的记录新时代、书写新时代、讴歌新时代的优秀作品。

图 6-5　近年来紧跟时代主旋律的优秀作品

网络视听节目创作要投身火热时代、投身火热生活，关注现实、关注人民、关注生活，从现实的生活中发现素材，从平凡生活中提炼价值；要融入公益、融入文化、融入价值观，弘扬正能量，用文艺的力量温暖人、鼓舞人、启迪人；要主动引领方向、传承历史、传播文化、展现形象，生产出反映时代最强音的网络视听精品。

比如，热播剧《安家》《欢乐颂》《三十而已》等"她剧集"，刻画了女性在校园生活、家庭环境、职场氛围、恋爱婚姻等场景中的典型处境；《小别离》《小欢喜》《小舍得》等家庭伦理剧将亲子群像搬上荧屏，呈现了人们在家庭环境与教育竞争中的选择与平衡。这些剧都紧跟时代步伐，聚焦时代热点，关注当下大众生活现状和难题，从而赢得了观众的喜爱。

又如，在抗击新冠肺炎疫情的宣传战役中涌现出《在武汉》《冬去春归》《第一线》《中国医生》等精品佳作；在"决胜全面小康，决战脱贫攻坚"宣传中，创作了《约定》《追光者：脱贫攻坚人物志》《春来怒江》《毛驴上树之倔驴搬家》等一批热情讴歌脱贫攻坚伟大成就、真情描绘全面小康多彩画卷的优秀网络视听作品，鼓舞了决战决胜士气，凝聚了团结拼搏力量。

二、服务市场的产品化运作

在新技术、新业态、新需求的大背景下，网络视听节目的运作要以市场为导向，明确产业市场化定位。

首先，要充分了解市场需求，注重发挥市场在资源配置中的作用，推动资源要素在更大范围、更大程度上自由流通，不断提高资源配置效率，健全现代产业体系和市场体系，致力于将网络视听节目作为产品和品牌打造，并不断升级产业链，提升网络视听节目的市场效益和社会价值。

其次，要明确内容产业价值链，实现从作品思维到产品思维的重大突破。要积极拓展产品开发，建立市场激励机制，提升内容产业价值链，提高精品节目的成果转化率和市场占有率，推动产业良性循环和综合效益增长，实现"重作品"到"重产品""重产业链"的转变，不断开发衍生品，实现内容价值最大化，激发释放内容创作和市场相结合的生产力，促进内容产业社会效益和经济效益的双丰收，提升内容产品国际竞争力。

（一）精准定位市场

市场就是最好的风向标。网络视听节目不仅要着重考虑地域特色文化的体现，还应充分考虑市场定位的精准性。产品题材、内容和形式应契合市场需求，要以市场和受众为核心，并以此来确定自身的节目生产和资源分配，并在大数据技术的严谨分析中，明确市场和受众的喜好，分析其动机和需求，合理定位节目的价值取向和运作方向，不断实现节目的产业化升级。

当前很多网络视听节目的风格逐渐向着年轻化的方向发展，更加看重对年轻人观看需求的满足，而忽视了大部分中年人与老年人的观看需求。优秀的网络视听节目应该形成属于自己的评判体系，通过明确的内容设定在观众心中形成深刻的印象，同时能够更好地引起受众的观看兴趣，使受众更加积极主动地参与到节目的互动中。只有对市场进行深入的调查，才能准确把握节目定位，促进网络视听节目的市场化发展。

比如，网络纪录片《追光者：脱贫攻坚人物志》每集6-8分钟，一共50集。该片总负责人张伟介绍，他们以大时代、小切口、平凡人的方式来进行创作，用"我的故事我讲给你听"的方式呈现年轻的语态和视角，易于跟年轻观众形成互动。

此外，还有一些网络视听精品在定位上融入公益、融入文化、融入价值观方面积极实践，主动引领方向、传承历史、传播文化，用文艺的力量温暖人、鼓舞人、启迪人。网络综艺节目《忘不了餐厅》是以关注阿尔茨海默病为主题的公益节目，引发了观众的广泛共情和热议，成功实践了公益节目的大众化传播。

（二）打造品牌效应

网络视听节目要结合产业升级，积极加强节目衍生内容开发，以战略的眼光将其放置于市场环境中进行理智的分析、匹配和选择，形成节目的核心理念，打造自己的品牌优势，实现"重作品"向"重产品""重产业链"的转变；要注重IP与其他产业联动，注意提高市场的渗透度，赢得有价值的消费者，逐步提升内容产业价值链，提高精品节目的成果转化率和市场占有率。

打造网络视听节目的品牌定位，可以垂直发力于某一领域，致力于在这一领域上做大做强，打造首屈一指的最具权威性的品牌。以生活服务类节目为例，在融合媒体时代，对生活的介入和指导可以涵盖衣食住行等日常家庭生活的各个方面，但不必大而全，可择一重点，如家装、时尚等领域，切实站在普通百姓的立场与角度上发现和解决问题，最大化地满足观众的诉求，逐渐形成品牌效应。

比如，综艺节目《上新了故宫》一开播便获得了观众的认可。节目采用了"专家+明星"的嘉宾模式,在趣味科普故宫文化的同时,有意为传统文化添加年轻色彩。节目还联合知名设计师和高校设计专业学生,每一期都推出一个引领热潮的文化创意衍生品,让故宫文化以具象化的文化周边落地,打通受众与故宫文化双向互动的新链接。节目播出后品牌效应逐渐凸显,获得了良好的收视率和市场口碑。

(三)善于营销包装

作为新兴媒体,网络视听节目需要充分发挥营销优势,变现商业价值。进行宣发时可以在内容以及表现方式上做文章,运用节目修饰与加工的融合技术进行改编,充分展现节目特点,提升节目内涵,加固价值链条,创新营销手段,并积极搭建融合媒体数据平台,建立起以新媒介为载体的全新营销系统,不断整合完善媒体链条,扩大自身品牌效应和产业链,实现利益最大化。图6-6所示为近些年用户观看网络视频节目原因的调查资料。

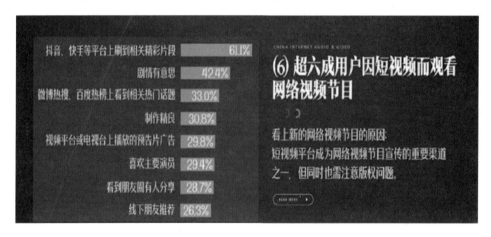

图6-6 用户观看网络视频节目的原因

近些年来,短视频行业迅速崛起并蓬勃发展,网络视听节目制作方可以根据短视频用户的不同喜好,充分挖掘短视频平台的碎片化传播方式,将节目的精彩片段剪辑和制作花絮上传至短视频平台,从而更好地进行宣传,扩大节目的影响力。

此外,要善于包装节目。首先是节目标识的包装。一般来说,节目标识主要包括节目的 Logo（标志）、BGM（背景音乐）、主题颜色等。其次，节目表现形式的变化也是节目包装中极为重要的一环，包括舞美、灯光、字幕、屏幕设计等，还包括节目的宣传片、预告片、引导片等。独特的背景图案、标志或独创的美术文字能在观众心中留下深刻印象，使观众在任何场合看到类似的图案都能想到节目，于无形中提升了节目的影响力。

比如，大家熟知的《国家宝藏》是央视叫好又叫座的一档文博探索节目，其在标识包装上可谓颇具匠心。节目的 Logo 设计紧密围绕栏目的主旨核心，采用厚重沉稳的字体，字形边角处理则借鉴了古代文物造型，并将我国商周时期青铜器上的饕餮纹样融入了标志，韵味十足。此外，Logo 整体的金属质感极大地体现了节目深厚的文化底蕴，展现了国宝文物所承载的中华文明之光。

（四）善用最新技术

网络视听节目作为互联网内容建设的重要组成部分，要主动拥抱新技术，积极利用 5G、大数据、云计算、超高清等技术，支持云端化、智能化、专业化生产，推出更多全息式、沉浸式、交互式网络视听作品，丰富传播形态、传播样式。要高度重视面向年轻群体传播，强化年轻人视角，把短视频、网络直播、微短剧、互动剧等年轻人喜闻乐见、易于接受的节目形式都利用起来，在"入脑入心"上下功夫，创作传播更多富有青春气息、时代气息的作品。

网络视听节目的产品化发展离不开现有的高科技手段和技术。例如，从中央电视台的《机智过人》到地方卫视的《我是未来》《最强大脑》等综艺节目，都把代表人类科技最新发展成果的语音识别、人脸识别、人工智能、无人机、柔性技术、仿生科技等技术手段以内容主体的形式予以呈现，不仅给观众带来全新的视听体验，更开创了科技类综艺节目新范式。

又如，《中国汉字听写大会》的开场利用现代 CG 技术，将无数汉字汇聚成一条绵长的历史画卷，向观众缓缓打开；《中国谜语大会》节目组利用分屏技术、遥感技术，引领现场观众一起猜谜语等。这些节目利用无处不在的高科技手段，不仅向世人展现了一个历史悠久、文化绵长的中国，更向世界展现了一个发达、兴旺的中国。

三、立足平台监督的有效运作

当前,互联网技术飞速发展,进一步加强网络视听节目的精品化创作和管理,有助于促进网络视听节目健康、文明、有序发展。然而,网络视听节目不同于传统的广播电视节目,它的平台集中在网络,这就需要对网络视听节目建立合理的平台监督系统,在成熟的产业体系中强化监管机制。

(一)主管部门要切实加强监督和管理

网络视听节目服务的相关主管部门,要通过日常监管、专项整治、业务培训、宣传提示等多种手段,切实加强对网络视听节目制作机构和服务机构的管理与指导,要在题材规划、剧本创作、作品生产等方面加大重视程度,在人才培训、资金扶持、评优奖励等方面落实更具体的政策和措施,不断建立和完善规范有序、便捷高效的版权保护与内容审核制度与办法,对不履行职责、制作传播违法违规内容的机构要依法查处。

(二)网络播放平台要落实严格审核制度

网络视听节目是广泛影响社会思想的精神产品,必须坚守健康文明的审美底线。网络播放平台在精品化进程中有着特殊的导向、推动作用,要全面落实平台主体责任,建立健全完善有效的把关机制,加强视听节目的价值引领。为此,网络播放平台要严格落实内容审核流程和播放监督制度,加强员工素质培训和业务能力提升,积极推荐精品,坚决不给劣质节目提供传播空间。

(三)网络视听节目创作要务必保证品质

网络视听节目的创作和生产要积极弘扬社会主义核心价值观和中华优秀传统文化,要在落细落小落实上下功夫,唱响主旋律、传播正能量。各个创作机构要紧跟时代发展,坚持以人民为中心的创作导向,将原创网络视听节目精品创作生产作为战略重点,要严格遵守法律法规和道德要求,积极整合优势资源、勇于创新、勤于制作,不断提高精品创作生产能力和水平,以良好的品质赢得市场,赢得尊重,切实发挥好网络视听节目道德教化和价值引领作用。

（四）节目受众群体要提高社会责任意识

广大网络节目的受众群体不仅是网络视听节目的观赏者、评论者，更应是网络视听节目精品化制作的有力推动者。在观赏节目时，要提高社会责任意识，自觉遵守网络道德规范，树立文明客观鉴赏态度，积极监督并建言献策。当前随着短视频的盛行，越来越多的受众成为网络视听节目的参与者和提供者，更要深刻认识到节目的社会影响，要提高自我认识，认真创作精品节目。

（五）行业协会要发挥桥梁纽带作用

行业协会应专注职能定位，团结督促会员切实履行行业公约，不断提高行业自教自律效能，要不断完善已经定型的业务和节目的形态行为和内容准则，还要密切关注新出现的视听节目服务领域、类型、形态，及时出台有针对性的符合实际的行为和内容准则，使行业规范、行业自律不留死角、不留空白。同时要积极组织业内专家、学者、评论家及时研判创作的生产传播趋势，纠偏扶正；及时总结经验教训，为业界少走弯路、赶超先进建言献策。

（六）要积极构建融合平台机制

网络视听节目的有序健康运行需要多方发力，团结协作，互相融合发展。要积极构建融合平台机制，通过流程优化、平台再造，实现各种媒介资源、生产要素的有机整合，实现信息内容、技术应用、平台终端、管理手段等共融互通，催化融合质变，放大一体化效能，真正打造一批具有强大影响力、竞争力的新兴主流媒体，积极参与网络视听节目的内容审核，逐步推动网络视听节目的优质化和市场化。

第二节　网络视听节目保障机制

根据第48次《中国互联网络发展状况统计报告》，截至2021年6月，我国网民总体规模达10.11亿，为推动我国经济高质量发展注入了强大的内生动力。网络高速发展的背后也存在很多隐忧，特别是随着短视频和直播等行业的迅猛发展，网民不再只是信息的接收者，也成了信息内容的发布者和传播者。所以，当前急需加强网络视听节目的保障机制建设，营造良好的网络视听环境。

一、法律法规的保障

当前，网民群体数量庞大，素质水平参差不齐，再加上"眼球经济""流量经济"等社会风气的推波助澜，网络中时常出现一些违反法律法规或者违背道德规范的低俗内容，比如，盗版、抄袭作品，以及暴力、色情内容等。这些内容如果不经审核而自由传播，将严重危害青少年群体的健康成长，造成不良的社会舆论，甚至危害到国家安全和稳定。

《互联网等信息网络传播视听节目管理办法》中明确指出：从事信息网络传播视听节目业务，应取得"信息网络传播视听节目许可证"；外商独资、中外合资、中外合作机构，不得从事信息网络传播视听节目业务；通过信息网络传播视听节目，应符合《著作权法》的规定；禁止通过信息网络传播有以下内容的视听节目：①反对宪法确定的基本原则的；②危害国家统一、主权和领土完整的；③泄露国家秘密、危害国家安全或者损害国家荣誉和利益的；④煽动民族仇恨、民族歧视，破坏民族团结，或者侵害民族风俗、习惯的；⑤宣扬邪教、迷信的；⑥扰乱社会秩序，破坏社会稳定的；⑦宣扬淫秽、赌博、暴力或者教唆犯罪的；⑧侮辱或者诽谤他人，侵害他人合法权益的；⑨危害社会公德或者民族优秀文化传统的；⑩有法律、行政法规和国家规定禁止的其他内容的。

以上规定为网络视听节目的开展指明了具体的方向和原则。所以，任何从事网络视听节目的制作机构和广大投放平台务必要增加法律意识，自觉遵守网络视听节目的相关法律法规要求，不能违法制作，不能违规制作，不能挑战社会公序良俗和法律的权威，否则将受到法律的制裁和社会的唾弃。

二、产品价值与品质的保障

《关于进一步加强网络视听节目创作播出管理的通知》中明确指出：网络

视听节目要坚持与广播电视节目同一标准、同一尺度，把好政治关、价值关、审美关，实行统筹管理。未通过审查的电视剧、电影，不得作为网络剧、网络电影上网播出。各类网络视听节目必须坚守文明健康的审美底线，坚持把社会效益放在首位，发挥好道德教化和价值引领作用。

新媒体时代，网络视听的繁荣与发展归根到底靠的是高品质的内容产品。网络视听节目要真正提升自己的产品价值和品牌效应，必须紧跟时代步伐，关注社会现实，坚持以人民为中心的创作导向，尊重创作基本规律，认真研究节目形态、表现方式、传播渠道、接受场景、节奏时长、受众习惯等；按照"找准选题、讲好故事、拍出精品"的要求，守正创新，脚踏实地，努力打造有思想、有温度、有深度的精品力作，全方位助力主流舆论的传播。

比如，在 2020 年抗击新冠肺炎疫情的宣传战役中，广大网络视听平台积极响应号召，主动承担社会责任，充分应用当前高新技术，通过多种网络节目聚焦奋战在一线的广大医护人员、社区干部、志愿者和普通老百姓，生动形象地讲述了中国人民的抗疫故事，宣扬了伟大的抗疫精神，极大地发挥了网络视听的价值导向功能，充分保障了节目的价值和品质。

三、知识产权的条件保障与措施

近年来，国家高度重视包括版权在内的知识产权工作，并积极出台相关政策给予保障。当前影视剧侵权盗版现象明显减少，但短视频等新兴网络视听领域的侵权现象仍比较严重，打击网络侵权盗版任务依然艰巨。面对网络视听节目的多样化发展和激烈竞争，所有从业者都要认清形势，尊重知识和创作，坚持自主创新，尊重劳动成果，积极加强对知识产权的保护。

（一）要加强知识产权保护意识

创作优秀的网络视听节目需要耗费大量的时间、资金和精力。网络视听节目从业者要自觉提高知识产权保护意识，明确从事信息网络传播视听节目业务应取得"信息网络传播视听节目许可证"。我国著作权法规定，视音频作品的著作权是依法受保护的，如果被非法侵犯，著作权人可以到著作权行政管理部门投诉。一旦发现作品被侵权，作品创作者应勇敢地采用法律手段，维护自己的合法权益。

（二）要完善知识产权政策和法律

网络视听节目的知识产权保护离不开与时俱进的知识产权政策和法律。2021年，新修订的《中华人民共和国著作权法》正式实施，有关网络视听作品法律概念的理解和适用、播放录音制品付酬等问题正在进一步研究和跟进。与《中华人民共和国著作权法》相关的行政法规，如《中华人民共和国著作权法实施条例》《信息网络传播权保护条例》《广播电台电视台播放录音制品支付报酬暂行办法》等都在不断修订和完善。

（三）要完善知识产权保护机制

现在流行的短视频和直播行业在内容生产上具有特殊性，因此知识产权保护问题愈发凸显。要防范"搬运""效仿"等侵权行为，需要进一步建立和完善知识产权保护机制，打通版权创造、运用、保护、管理全链条，搭建知识产权技术和服务平台，强化播放平台主体责任，细化知识侵权认定标准，推进版权过滤审核机制，优化产品运营管理。平台管理不力导致侵权发生的，可以被索取侵权赔偿。

（四）要积极参与知识产权国际规则制定

版权产业的发展和版权产品的传播，关乎国家的文化主权和文化安全，新时期要积极参与知识产权国际规则制定，不断提高我国在国际知识产权规则制定中的话语权。近年来，广电总局积极参与广电相关知识产权国际条约的制定工作，积极推动签署《视听表演北京条约》。这是在中国诞生的第一个国际知识产权条约，极大地提升了中国版权事业的国际地位和北京在国际社会的知名度。

第六章 网络视听节目精品生产策略与保障

思考题

一、什么是网络视听精品节目?

二、内容创作中地域文化的原创性策略有哪些?

三、网络视听节目服务市场的产品化运作策略有哪些?

四、如何在网络视听节目中融入中华优秀传统文化?

五、如何进行网络视听节目精品化制作?

六、如何打造网络视听节目品牌化建设?

七、如何加强网络短视频平台监管?

八、如何提高网络动画电影的原创性制作?

九、如何加强网络视听节目的知识产权保护?

第七章　网络视听节目管理政策法规

【目标】

通过对网络视听节目生产传播政策法规的解读，学生应掌握国家在内容引导、主体管理、观众保护等方面的具体要求，为大力弘扬社会主义核心价值观，营造清朗的文化环境和健康的精神空间做出应有的贡献；通过学习网络视听节目从业者的法制教育，学生应掌握今后我国的网络视听节目监管应遵循的原则，努力探索具有中国特色的网络视听节目监管之路，保障网络视听行业健康有序发展。

第一节　网络视听节目生产传播政策法规解读

随着网络视听业务的不断丰富，2010年国家广电总局发布了《互联网视听节目服务业务分类目录(试行)》，以进一步规范网络视听市场传播秩序。随着互联网企业的发展壮大和网络用户规模的扩大，网络视听节目的社会影响力不断提升。而网络视听市场的竞争越来越激烈，导致不少视听网站采取各种不良手段进行"吸粉"，网络视听节目的问题频发。网络视听节目不应只重视经济效益，还应强调社会责任，网络视听节目应该弘扬社会主旋律，传递社会正能量。

2011年，中国网络视听节目服务协会成立，该协会旨在对网络视听行业进行自律引导。由此，政府规制和行业自律规范相结合成为网络视听节目监管的主要形式。《关于进一步加强网络剧、微电影等网络视听节目管理的通知》

第七章 网络视听节目管理政策法规

《关于进一步加快广播电视媒体与新兴媒体融合发展的意见》《网络视听节目内容审核通则》《网络综艺节目内容审核标准细则》等政策和规范相继出台，对网络视听节目的管理、规范和惩罚规定逐步得到完善。表7-1列出了近年来发布的一些重要政策文件。

表7-1 中国网络视听节目的相关政策

序号	发布时间	重要政策文件
1	2004.7	《互联网等信息网络传播视听节目管理办法》
2	2007.12	《互联网视听节目服务管理规定》
3	2010.3	《互联网视听节目服务业务分类目录（试行）》
4	2012.7	《关于进一步加强网络剧、微电影等网络视听节目管理的通知》
5	2014.1	《关于进一步完善网络剧、微电影等网络视听节目管理的补充通知》
6	2016.4	《专网及定向传播视听节目服务管理规定》
7	2016.7	《关于进一步加快广播电视媒体与新兴媒体融合发展的意见》
8	2016.9	《关于加强网络视听节目直播服务管理有关问题的通知》
9	2016.11	《关于进一步加强网络原创视听节目规划建设和管理的通知》
10	2016.11	《互联网直播服务管理规定》
11	2016.12	《关于加强微博、微信等网络社交平台传播视听节目管理的通知》
12	2016.12	《网络表演经营活动管理办法》
13	2017.3	《互联网视听节目服务业务分类目录（试行）》
14	2017.6	《关于进一步加强网络视听节目创作播出管理的通知》
15	2017.6	《关于开展2017年"网络视听节目精品创作传播工程"的通知》
16	2017.7	《网络视听节目内容审核通则》
17	2017.12	《关于进一步加强社会主义核心价值观网上传播的通知》
18	2018.2	《关于加强网络直播答题节目管理的通知》
19	2018.3	《关于进一步规范网络视听节目传播秩序的通知》
20	2018.11	《关于进一步加强广播电视和网络视听文艺节目管理的通知》
21	2019.1	《网络短视频内容审核标准细则》《网络短视频平台管理规范》
22	2019.4	《未成年人节目管理规定》
23	2019.8	《关于推动广播电视和网络视听产业高质量发展的意见》
24	2019.11	《建立优秀网络视听节目创作研评机制》
25	2019.11	《网络音视频信息服务管理规定》
26	2020.1	《国家广播电视总局立法工作规定》

续表

序号	发布时间	重要政策文件
27	2020.2	《网络综艺节目内容审核标准细则》
28	2020.4	《广播电视行业统计管理规定》
29	2020.6	《〈内地与香港关于建立更紧密经贸关系的安排〉服务贸易协议》修订版
30	2021.12	《网络短视频内容审核标准细则》修订版

一、内容引导

（一）提出提升质量的要求

推动网络视听节目高质量发展，无疑为视听内容管理的重中之重。

2019年8月，国家广播电视总局下发纲领性文件《关于推动广播电视和网络视听产业高质量发展的意见》，该文件从总体要求出发，结合加速升级新型产业体系、大力优化产业布局、大力完善市场体系、加强政策支撑等方面，提出了推动网络视听产业高质量发展的具体意见。将"广播电视和网络视听内容创作生产更加繁荣，作品质量更加精良，不断推出更多符合新时代要求，既能在思想上、艺术上取得成功，又能在市场上受到欢迎的精品佳作"作为发展目标，无疑是对国务院提出的"强化对网络游戏、微视频等的价值引领与管控，创造绿色健康网上空间"等要求的落实和回应。

落实到具体政策上，广电总局办公厅在2019年初即围绕庆祝新中国成立70周年、建党100周年等重要时间节点，确定广播电视节目年度重点选题，加强事前引导。针对短视频平台，则实行节目内容先审后播制度，并将弹幕、评论等均划入先审后播的范畴，同时规定短视频平台不得未经授权自行剪切、改编视听节目，不得转发个人账户上传的视听节目片段，亦不得在机构账户未提供版权证明的情况下，转发机构账户上传的视听节目片段等，进一步加强了对网络视听节目审查的力度，提高了对知识产权的重视。

总体上，为更好地把控网络视听节目的质量，国家逐步针对网络视听节目建立了与线下节目相同的审核要求和标准，如"三级审核制度""内容审核总编辑负责制""网上网下同一标准、同一尺度"等。

(二)明确否定性评价的行为

网络视听节目服务机构应坚持为人民服务、为社会主义服务的"二为"方向和坚持百花齐放、百家争鸣的"双百"方针。

网络视听节目机构服务应坚持和引领正确的价值导向,要大力弘扬社会主义核心价值观,着力营造清朗的文化环境和健康的精神空间。网络视听节目服务机构要严格控制偶像养成类节目及影视明星子女参与的综艺娱乐和真人秀节目,减少影视明星参与的娱乐游戏、真人秀、歌唱类选拔等节目播出量,增加公益节目播出量。

广电总局指出,重点网络视听节目服务机构的网络综艺节目、网络剧、网络电影全部演员、嘉宾的总片酬不得超过总成本的40%,其中主要演员、嘉宾的片酬不得超过总片酬的70%。如出现超支情况,制作机构应向所属协会及中广联演员委员会进行备案并说明情况,否则将面临暂停直至永久取消剧目播出、制作资质等处罚措施。同时,广电总局提出要严厉打击收视率、点击率造假行为。

此外,基于法治环境下版权保护和审查的要求,广电总局明确禁止非法抓取、剪拼改编网络视听节目行为。所有节目网站不得制作、传播歪曲、恶搞、丑化经典文艺作品的节目,不得擅自对经典文艺作品、广播影视节目、网络原创视听节目重新剪辑、重新配音、重配字幕,不得截取若干节目片段拼接成新节目播出,不得传播编辑后篡改原意产生歧义的作品片段,不得播出未取得许可证的影视剧、未备案的网络原创视听节目,以及被广播影视行政部门通报或处理过的广播影视节目、网络视听节目对应的片花、预告片。网络视听节目接受冠名、赞助等应事先核验冠名或赞助方的资质。

(三)从严管理涉外节目

在境外人员参加网络视听节目制作管理方面,境外人员作为主创人员参加网络剧、综艺访谈类网络节目制作,应向广播电视主管部门备案,担任主创人员的外国人,不得超过同类别人员总数的五分之一,但香港、澳门和台湾地区人员不受数量限制。

在引进境外视听节目方面实行许可制度，由国务院广播电视主管部门对引进境外视听节目的总量、题材和产地等进行调控和规划。网络视听节目服务单位可供播出的境外视听节目，不得超过该类别可供播出节目总量的30%，但引进台湾地区生产的电影、电视剧的数量不受限制。

《境外人员参加广播电视节目制作管理规定（征求意见稿）》《境外视听节目引进、传播管理规定（征求意见稿）》等文件还规定了具体的相关备案流程及惩罚措施等，目前尚处于征求意见阶段，有待正式文件的发布。

根据《〈内地与香港关于建立更紧密经贸关系的安排〉服务贸易协议》修订版，自2020年6月1日起，在电视、电影方面，内地广播电视台、视听网站和有线电视网引进香港生产的电视剧和电视动画片不设数量限制，香港与内地合拍的影片，在主创人员、演员比例、内地元素上不设限制，并取消收取内地与香港电影合拍立项申报管理费用。

二、主体管理

（一）对制作机构的管理

2014年3月，广电总局发布2号文件——《关于进一步完善网络剧、微电影等网络视听节目管理的补充通知》，该文件的相关要求如下。

从事生产制作网络剧、微电影等网络视听节目的机构，应依法取得广播影视行政部门颁发的广播电视节目制作经营许可证。互联网视听节目服务单位不得播出未取得广播电视节目制作经营许可证的机构制作的网络剧、微电影等网络视听节目。

个人制作并上传的网络剧、微电影等网络视听节目，由转发该节目的互联网视听节目服务单位履行生产制作机构的责任。互联网视听节目服务单位只能转发已核实真实身份信息并符合内容管理规定的个人上传的网络剧、微电影等网络视听节目，不得转发非实名用户上传的此类节目。

自2019年2月15日起，投资总额超过500万元的网络剧（网络动画片）、超过100万元的网络电影等重点网络影视剧在开始制作前，应当由制作机构登录"重点网络影视剧信息备案系统",登记节目名称、题材类型、内容概要、制作预算等规划信息,取得规划备案号。重点网络影视剧拍摄制作完成后,制作机构应将节目拟播出平台、实际投资、演员片酬等相关信息在备案系统中登记,同时将成片报送所在地省级广电行政部门,以取得上线备案号。至此,已然形成拍摄前的规划备案号与上线备案号"双备案"的监管流程。

此外,国家广播电视总局发布了《建立优秀网络视听节目创作研评机制》,通过每月对优秀节目通报表扬、举办优秀节目研讨会、组织平台与制作方开展创作座谈会、深入网络视听机构调研等机制,不断加强和提高对网络视听节目的管理及监督能力和水平。

(二)对传播机构的管理

国家针对不同类型的传播机构建立了不同的许可审核制度,要求持证准入,即只有获得相关许可证才可以从事相应的媒体传播活动。

例如,在传播业务许可方面,设立点播影院、点播院线应当向电影主管部门申请且分别取得"电影放映经营许可证""电影发行经营许可证"。就点播影院、点播院线经营而言,通过点播影院放映和点播院线发行的影片,应当依法获得电影公映许可,境内摄制的电影放映时长不得低于年放映电影市场总和的三分之二。

除此之外,广电总局对点播影院、点播院线的硬件规模、经营规范、监督管理,以及法律责任等均做了详细规定。

(三)对网络音视频信息服务提供者的管理

2019年11月29日,国家网信办、文化和旅游部以及广电总局三部门联合印发了《网络音视频信息服务管理规定》。该规定不仅明确了网络音视频信息服务提供者应当具备相关资质,还要求网络音视频信息服务提供者根据规定制定用户注册、信息发布审核、未成年人保护、知识产权保护等相关制度,以落实信息内容安全管理主体责任,并应当对用户进行实名制认证。以上措施都是为了促进形成积极健康、向上向善的网络文化。

在具体举措方面,该规定还明确要求网络音视频信息服务提供者建立健全辟谣机制、投诉举报机制，并与网络音视频信息服务使用者明确约定如限制功能、暂停更新、关闭账号等处置措施，以提高对音视频信息传播行为的约束力，力求促进网络音视频信息服务行业健康有序发展。

三、观众保护

（一）规范网络视听节目广告行为

随着《关于加强"双11"期间网络视听电子商务直播节目和广告节目管理的通知》的发布，对网络视听节目的引导、规范不再局限于节目内容本身，规范广告行为、"广告也要讲导向"将纳入网络视听节目领域。虽然广电总局多年来不断加强对广告的管控，但针对网络广告的专项治理却很少出现。该通知的发布意味着主管部门对网络视听节目的引导、规范范围更加全面化。

（二）明确未成年人节目的制作和传播规范

《未成年人节目管理规定》明确了未成年人节目制作、传播过程中的行为规范，确立了未成年人节目的价值导向，同时从16个方面明确了未成年人节目内容禁止触碰的"红线"。通过规范未成年人节目，进一步保障未成年人的身心健康、隐私、人格尊严等合法权益，引导未成年人树立正确的价值观。

针对青少年控烟工作，国家卫生健康委、中宣部、教育部等8部门联合印发了《关于进一步加强青少年控烟工作的通知》，要求加强影视作品中吸烟镜头的审查；严格控制影视剧中与剧情无关、与人物形象塑造无关的吸烟镜头；对于有过度展示吸烟镜头的电影、电视剧，不得纳入各种电影、电视剧评优活动，避免影视作品中明星吸烟镜头误导青少年效仿。

基于上述监管政策，我们可以注意到网络视听节目的监管标准与传统影视剧监管标准逐步趋同。需要指出的是，我国大量文化企业都面临盈利模式不稳定、生命周期短的问题，而这种状态下如果面临过于复杂且不稳定的监管政策，则可能会雪上加霜。

为此，上述政策发布及实施后，对网络视听节目模糊的审查标准逐步清晰，有助于相关企业明晰其业务发展方向。同时，监管部门把新兴的模式、新出现的问题逐渐纳入网络视听节目的管理体系中，网络视听行业逐渐趋于规范并在此基础上加速发展，这对网络视听节目提出了更高要求。

即将出台的《文化产业促进法》会进一步将包括网络视听节目产业在内的保障、促进、监管制度与标准上升到法律层面，既彰显了政策的严肃性，也保障了标准的稳定性。在此环境下，我们期待着涌现更多高质量、高水平的作品与更多流量与盈利兼具的文化企业。

第二节　网络视听节目从业者的法制教育

网络视听节目新形态、新业务的不断涌现，对我国网络视听节目的监管也提出了新挑战和新要求。从国家战略、行业趋势以及国际经验来看，我国的网络视听节目监管应遵循以下三个原则。

一、依法监管

（一）科学立法

网络视听节目和传统的广播电视节目毕竟是两种不同的媒体形态，直接照搬传统的监管政策及法律法规，完全套用一个监管模式不仅会显得相对僵化，也不利于互联网行业的稳健发展。

建立针对网络视听节目的监管体系是必然的发展趋势，相关法律法规包括政策的产生应该经过深入的调研，以保证政策和法律法规的科学性。

科学立法要求立法与时俱进，适应时代发展需求。广电总局正在加快推进《广播电视法》立法工作，将网络视听节目纳入监管范围。全媒体时代，世界各国通过立法对网络视听节目进行监管已成为趋势。

2007年欧盟出台的《视听媒体服务指令》第一条第一款第一项明确规定，视听媒体服务是指媒体服务提供者通过电子通信网络，以向大众提供资讯、娱乐或教育等节目为主要目的，并负有编辑责任的媒体服务。该指令把视听媒体服务分为线性和非线性两类。线性媒体服务又称"广播电视"，是指媒体服务提供者按照编排好的节目顺序提供给受众同时观看节目的服务，包括传统广播电视、互联网广播电视、IP电视等。非线性媒体服务又称"点播类视听媒体服务"，是指用户在服务商提供的点播目录中自行选择观看时间、观看内容的视听媒体服务，包括视听新媒体中的互联网视频点播、BT视听下载以及播客广播等。

2017年，英国通过《数字经济法(2017)》，包括英国通信管理局的职能、网络著作权侵权、互联网域名注册规则、第四频道电视公司的职能、独立电视服务、独立广播服务、电视和广播服务规制管理规则、电磁波谱使用规则、视频游戏的相关规则、侵犯著作权和表演者权益的处罚规则、电子出版物的公共借阅权等11个主题以及1个附则。

同时需要注意，对网络视听节目的监管不应停留于形式，也不应该简单地采取"一刀切"方式。对网络视听节目的监管更应该侧重价值导向，在保证积极正面的价值引领下，注意节目内容的具体表现方法和限度。例如对必须呈现的负面现象进行正面引导，帮助受众意识到这些负面现象的危害，引导受众进行批判和深思，而不应该让受众在心理上产生艳羡，甚至让受众产生跃跃欲试的心态，这在价值导向上是明显偏离轨道的，监管主体要把控好尺度。

（二）监管程序正当

网络视听节目监管还应当符合程序正当原则，无论是备案管理、许可证发放还是节目审核，都应该建立相应的公开透明的程序机制，并通过具体的制度设计切实保障当事人的陈述权、申辩权、救济权。

二、合作监管

（一）壮大网络视听节目的监管力量，加强与其他机关的协作

根据"三定"方案及相关规定，网信办基于维护国家安全和公共利益等目的，监管网络视听节目信息内容；广电总局主要对网络视听节目的管理规范和

准入标准进行监管；文化和旅游部基于维护网络表演市场秩序的目的，监管网络视听节目中具有网络文化表演属性的内容；市场监管总局基于保护消费者合法权益、规范市场竞争秩序的目的，监管电商直播行为。

目前，各部门的职权有一定的交叉重叠，建议由中央网信委协调各部门，明确各自职责分工，或者对某一领域进行联合发文，推进信息公开和信息共享机制，形成监管合力。

（二）完善网络视听监管部门与企业、协会、公众的合作机制

从制度的制定到制度的运行，只依靠监管部门是不够的，应该充分发挥企业平台、行业协会以及社会公众的积极作用，构建良好的合作机制。首先，网络视听监管部门在立法和决策中应充分听取利益相关方和社会公众的意见。其次，完善投诉举报和奖励机制，让公众成为监管的重要参与力量。再次，加强行业协会自律，发挥行业协会规范的软法机制作用，使得行业自律规范更及时、更有针对性地适应行业发展需求。

与此同时，各网络平台应该建立系统的内部自律及规范机制，按照国家要求建立系统的信息审核员队伍，并针对用户建立相应的管理规范，特别是对重点用户要注意加强管理。网络平台还应该担负起相应的社会责任，在国家监管主体和行业协会的引导下积极针对平台工作人员、平台用户开展相应的政策宣传活动，让公众真正意识到网络视听节目规范发展的必要性，并引导更多人积极参与到对网络视听节目的监督中。

三、创新监管

网络视听节目监管部门应创新监管体制机制和手段方式，以创新驱动监管升级。

第一，推动技术创新。2020年9月，中共中央办公厅、国务院办公厅印发《关于加快推进媒体深度融合发展的意见》，强调积极利用5G、大数据、云计算、物联网、区块链、人工智能等技术，提高监管的有效性和精准度，推动"智慧广电"。

第二，加强和创新事中、事后监管，探索信用监管、大数据监管、包容审慎监管等新型监管方式。

第三，创新执法方式，加强行政指导、行政奖励、行政和解等非强制行政手段的运用。

经过近 20 年的发展，网络视听节目监管已经探索出一条具有中国特色的道路，期待在未来的广播电视法中建构合法有效的监管制度，推动媒体深度融合发展，保障网络视听节目行业健康有序发展。

思考题

一、为推动网络视听节目高质量发展，广电总局办公厅有哪些具体政策？

二、为大力弘扬社会主义核心价值观，营造清朗的文化环境和健康的精神空间，网络视听节目服务机构应如何做？

三、在境外人员参加的网络视听节目制作管理方面，相关文件有哪些规定？

四、国家对制作机构、传播机构网络音视频信息服务提供者有哪些管理要求？

五、在有关观众保护的监管政策上，网络视听节目的监管标准与传统影视剧监管标准有何区别？

六、从国家战略、行业趋势以及国际经验来看，我国的网络视听节目监管应遵循哪些原则？

七、网络视听节目监管部门可以在哪些方面创新监管体制机制和手段方式，以创新驱动监管升级？

参考文献

[1] 李春利. 建立规范节目传播秩序, 开辟互联网视听新时代 [N]. 光明日报, 2007-06-02(2).

[2] TD-LTE 牌照花落三家, 开启 4G 网络商用时代 [J]. 电信快报, 2013(12):1-2.

[3] 张瑜, 王元元. 中国手机军团全面复兴 [J]. 财会月刊, 2014(36):4-5.

[4] 杨虹磊. 中国主流媒体网络视听节目研究 [D]. 武汉: 华中师范大学, 2012.

[5] 李佳雨. "场域理论"视域下网络视听节目中的精英文化回暖现象研究 [D]. 成都: 四川师范大学, 2019.

[6] 白杨. 论我国网络剧的叙事形式 [D]. 郑州: 河南大学, 2014.

[7] 陈宇. 网络时代的自由表达——网络电影的美学特征及其价值意义 [J]. 当代电影, 2011(10):139-145.

[8] 纪君. 当纪录片遇上互联网——浅析我国网络自制纪录片的发展现状与趋势 [J]. 当代电视, 2018(8):51-52.

[9] 唐崇维. 网络视听节目的分类及特点研究 [J]. 传媒论坛, 2020,3(24):66-68.

[10] 季洁. 微电影塑造文旅形象的传播策略 [J]. 传媒论坛, 2022,5(08):56-58+73.

[11] 丁亚平. "大电影"视域下的微电影的发展 [J]. 艺术评论, 2012(11):27-32.

[12] 范银红. 融媒体时代微纪录片创作特性之变化 [J]. 视听, 2019(03):47-48.

[13] 刘霞. 融媒体时代广播电视创新发展研究 [J]. 中国报业, 2019(16):88-89.

[14] 张菲菲. 微电影传播模式与传播效果分析[J]. 西部广播电视，2020(01)：115-116.

[15] 张璇譞. 微电影到短视频的"视觉快餐"时代[J]. 戏剧之家，2017(04):152-154.

[16] 丁慧. 新媒体背景下微电影传播模式研究[J]. 中国传媒科技,2019(06)：56-57.

[17] 郭美英. 如何拍好低成本微电影[J]. 新闻传播,2020(23):98-99.

[18] 朱之敬,庄桂成. 微电影剧本写作重要性探究[J]. 文学教育（上），2021(04): 116-117.

[19] 刘千慧. 新媒体时代下微电影的传播优势分析[J]. 科技传播，2017,9(21)：3-4.

[20] 祝燕南. 网络视听行业发展亮点与展望[J]. 传媒,2021(13):13-15+17.

[21] 张苗苗,赵京文. 国际网络视听发展的主要特点及治理思路[J]. 传媒,2021(13):21-23.

[22] 彭锦. 网络视听行业"十三五"发展回顾[J]. 中国广播电视学刊，2021(06):4-8.

[23] 张丽红. 网络视听节目应有底线思维[J]. 中国广播电视学刊，2021(06):11-13.

[24] 汤捷. 网络视听行业：现状、发展与精细化管理[J]. 青年记者，2021(09):17-19.

[25] 郑宁. 网络视听节目的监管历史与未来展望[J]. 青年记者，2021(09):20-22.

[26] 唐崇维,邓务贵,王正中. 网络视听节目内容监管政策解读[J]. 中国广播电视学刊,2021(01):40-43.

[27] 聂辰席. 坚持守正创新赋能美好生活、推动网络视听持续健康发展[J]. 中国广播电视学刊,2020(11):6-9.

[28] 聂辰席. 坚持正确方向 强化职能定位 努力开创中国网络视听节目服务协会工作新局面[J]. 中国广播电视学刊,2020(12):6-8.

[29] 聂辰席,高建民,张晨晓,等.网络视听赋能美好生活[J].传媒,2020(22):6-7.

[30] 祝燕南.网络视听行业发展基本特征与展望[J].传媒,2020(20):22-23+25.

[31] 岳宇君,胡汉辉.我国网络视听内容规制的重构:基于OTT TV的思考[J].河北法学,2019,37(12):89-100.

[32] 高建民.更好推动网络视听节目创新创优、繁荣发展[J].传媒,2019(14):1.

[33] 赵京文.网络视听内容发展的现状、特点与趋势[J].传媒,2019(14):12-15.

[34] 唐崇维,王正中.网络视听节目评价体系的建构刍议[J].当代电视,2019(01):93-95.

[35] 张之琨.网络大电影的类型模式研究[J].视听,2019(09):10-11.

[36] 胡建.网络大电影的现状与前景[J].文化产业,2019(07):41-42.

[37] 李敏.网络大电影剧本创作要素新解读[J].西部广播电视,2018(16):88-89.

[38] 路春艳,陈蕊.类型化探索与热点话题表达——近年来中国网络大电影创作特征探究[J].艺术教育,2018(15):124-126.

[39] 曹开研.网络大电影特征及发展趋向刍议[J].传媒,2017(04):51-53.

[40] 张罗罗.网络自制综艺节目创新策略研究[D].济南:山东师范大学,2021.

[41] 刘守闯.网络大电影剧作规律探索[D].杭州:杭州师范大学,2020.

[42] 李征.街采类网络短视频创作研究[D].扬州:扬州大学,2019.

[43] 许晴.我国网络视听产业的内容规制研究[D].武汉:华中师范大学,2019.

[44] 郭鸽.网络自制剧的规制研究[D].南宁:广西大学,2017.

[45] 金鑫.数说网络视听产业的现实与未来[N].中国新闻出版广电报,2021-06-18(003).

[46] 康朴.网络音视频让生活更精彩[N].人民日报海外版,2021-05-14(8).

[47] 孙平. 我国网络动画的特征及技术发展历程[J]. 青年记者, 2017(14):22-23.

[48] 周红亚, 刘环宇. 发展·聚集·潜力: 网络动画的平台生态观察[J]. 电影新作, 2021(06):110-115.

[49] 史谦. 当前中国网络动画现状、问题及发展路径[J]. 东南传播, 2019(05):112-114.

[50] 李亮. 网络动画业的发展浅析[J]. 电视指南, 2018(08):187.

[51] 张西蒙, 戴劲. 网络动画的定义及特征[J]. 艺术教育, 2009(07):25-27.

[52] 高菲. 动画剧本创作要素漫谈[J]. 清远职业技术学院学报, 2010(02):68-70.

[53] 杨冬梅. 动画片剧本创作的思维方法及其规律[J]. 电影文学, 2009(13):19-20.

[54] 黄力东. 试论融媒体时代网络剧创作[J]. 中国报业, 2017(12):76-77.

[55] 王文静. 网络剧创作传播中对现实的虚化与聚焦[J]. 中国文艺评论, 2019(03):75-85.

[56] 鲍楠. 当前网络剧创作传播的主要特点和发展前瞻[J]. 现代视听, 2020(03):14-17.

[57] 马光复. 网络剧创作要在"小而精"上下功夫[N]. 河北日报, 2021-06-04(11).

[58] 刘妍. 我国网络自制剧的题材与结构研究[D]. 重庆: 重庆师范大学, 2015.

[59] 赵芳. 自媒体时代网络自制剧的发展[D]. 长春: 吉林大学, 2017.

[60] 陈旭阳. 网络自制剧《万万没想到》叙事研究[D]. 南宁: 广西大学, 2015.

[61] 刘瑜. 消费时代语境下的网络大电影研究[D]. 郑州: 河南大学, 2018.

[62] 耿响响. 网络大电影现状研究[D]. 保定: 河北大学, 2017.

[63] 李扬. 网络大电影叙事策略研究[D]. 郑州: 河南大学, 2019.

[64] 熊江卫. 试论网络大电影的兴起和特征[J]. 视听界(广播电视技术), 2016(02):122-128.

[65] 路春艳. 类型化探索与热点话题表达——近年来中国网络大电影创作特征探究[J]. 艺术教育, 2018(15):124-126.

[66] 王良. 中国微电影特征及发展研究[D]. 昆明: 云南大学, 2016.

[67] 聂韶阳.小成本微电影制作方法研究[D].郑州:河南大学,2016.

[68] 黄薇.写实主义风格的微电影创作探索——以微电影《阿良》为例[D].上海:上海师范大学,2019.

[69] 许文婷.现实题材微电影创作研究[D].保定:河北大学,2021.

[70] 周鑫.论校园微电影的创作方法[J].大众文艺,2016(14):187-188.

[71] 张心蕙.微电影悬念设置研究[D].济南:山东师范大学,2021.

[72] 王娟.中国微电影研究[D].南京:南京师范大学,2013.

[73] 王振兴.微时代微电影艺术创作研究[D].哈尔滨:哈尔滨师范大学,2013.

[74] 任莹莹.我国网络纪录片发展研究[D].乌鲁木齐:新疆大学,2015.

[75] 万彬彬.新媒体时代网络纪录片浅析[J].电影评介.2013(16):14-17.

[76] 郭泰.互联网对网络纪录片创作影响的研究[D].金华:浙江师范大学,2017.

[77] 钟勇.新媒体背景下纪录片的创作与创新[J].传播力研究,2020(14):56-57.

[78] 马广军.精品网络纪录片的新型创作思路综述——基于对《了不起的匠人》《百心百匠》等的分析[J].电视研究,2018(03):58-60.

[79] 徐英杰.网络纪录片"精品化"创作策略研究[J].视听研究,2020(09):56-57.

[80] 陈鑫."地方"视域下观察式网络纪录片研究[D].苏州:苏州大学,2020.

[81] 赵艳明.当代中国纪录片的网络化生存——在政治、经济与技术的视野下[D].上海:复旦大学,2013.

[82] 章利强.网络纪录片频道的发展情况及趋势研究[D].广州:华南理工大学,2013.

[83] 王建珍.中国大陆纪录片发展及类型规律研究[D].兰州:兰州大学,2021.

[84] 白雪瑜.纪录片的纪实性创作手法[D].保定:河北大学,2016.

[85] 宗戎.纪录片《我在故宫修文物》的跨媒介生产与消费[J].中国电视,2017(12):61-66.

[86] 武俊宏.纪录片《我在故宫修文物》的叙事研究[D].长沙:湖南师范大学,

2018.-

[87] 李颢宇.从《我在故宫修文物》看国产纪录片的成功之道[J].出版广角, 2020(08):73-75.

[88] 赵言,罗艳.纪录片《我在故宫修文物》视听语言特色分析[J].视听, 2019(06):73-74.

[89] 许泽华.国产纪录片的成功路径分析——以《我在故宫修文物》为例[J].声屏世界,2021(02):82-83.

[90] 曹琰.论纪录片的叙事策略与艺术创新——兼论纪录片《我在故宫修文物》的叙事创新[J].四川戏剧,2018(04):40-42.

[91] 余思乔.移动网络音频平台的用户互动研究[D].广州:广东外语外贸大学,2017.

[92] 乔青山.网络音频的分类、优势及发展问题研究[J].中国新通信,2022,24(03):137-139.

[93] 贺崧智,熊卫民.网络音频在中国的产生和发展[J].科学文化评论,2020,17(05):93-106.

[94] 王文涛.网络音频的特点及监管探析[J].西部广播电视,2020(07):29-30.

[95] 杨洋.传统广播与网络音频受众竞合关系研究[J].中国广播电视学刊,2017(12):105-107.

[96] 杞姝.广播不"死":浅析互联网时代的网络音频[J].西部广播电视,2015(18):17-18.

[97] 陈佳宁.移动音频类应用对传统广播的冲击与启示[J].中国广播电视学刊,2015(06):56-60.

[98] 唐崇维.网络知识类脱口秀音频节目的生产研究——以《矮大紧指北》为例[J].视听,2020(09):49-51.

[99] 杨颖.网络综艺节目创新研究[D].长沙:湖南大学,2018.

[100] 林汉坤.电视综艺节目与网络综艺节目的比较研究[D].南宁:广西大学,2018.

[101] 王浩.中国网络综艺节目现状、问题与原因研究[D].济南:山东师范大

学,2019.

[102] 潘蕾.我国网络综艺节目现状探析[J].新媒体研究,2020,6(13):68-71.

[103] 张壹舒.大数据时代下网络综艺发展研究报告[J].新闻研究导刊,2017,8(14):40-41.

[104] 吕岩梅.网络综艺如何实现内容质量与影响力齐飞[J].中国广播电视学刊,2017(04):1002-8552.

[105] 李娟.解构性表达下的正能量赋权:《脱口秀大会》的文化批判分析[J].浙江学刊,2021(04):183-192.

[106] 申蕾.后现代主义视域下脱口秀节目的颠覆与创新——以《脱口秀大会第四季》为例[J].西部广播电视,2021,42(24):90-93.

[107] 高雨琪,邢毓雯.后现代视域下脱口秀节目的特征探究——以《脱口秀大会》第三季为例[J].新闻前哨,2021(06):125-126.

[108] 高婷,王勇.论语言类现象级综艺节目成功因素——以《脱口秀大会》为例[J].新闻论坛,2021,35(05):51-53.

[109] 谭亚玥,姜雯.后现代视域下喜剧脱口秀类网络综艺节目的交互性传播与困境突围——以《脱口秀大会》系列为例[J].视听,2022(03):26-28.

[110] 霍雨荻.媒介文本和媒介受众批评视角下《脱口秀大会(第三季)》浅析[J].科技传播,2021,13(04):65-67.

[111] 陈雪芳.短视频APP的走红原因及发展探析——以"抖音"为例[J].视听,2018(11):136-137.

[112] 陈晓峰.自媒体短视频的创作现状研究[D].厦门:厦门大学,2019.

[113] 谈馨."一条"短视频的创作研究[D].长沙:湖南大学,2017.

[114] 孙淑霞,胡敏.行业短视频创作研究[J].全媒体探索,2021(02):94-95.

[115] 鲍方.自媒体短视频的影视审美特性研究[D].武汉:华中师范大学,2017.

[116] 张茹雪.抖音搞笑短视频的制笑机制研究[D].南京:南京师范大学,2021.

[117] 江祺.新媒体在5G时代下的短视频创作初探[J].中国传媒科技,

2019(09):34-36.

[118] 陈汝辉. 新媒体环境下短视频创作对文化传播的影响[J]. 传媒论坛，2020,3(21):43-44.

[119] 陈淑兰. 新媒体语境下的主旋律短视频叙事策略研究[D]. 南昌：南昌大学,2020.

[120] 苏也菲. 媒体融合语境下"短视频创作"课程初探[J]. 西部广播电视,2018(17):25-27.

[121] 冯旭东. 短视频创作和传播的困境与对策——以余杭区融媒体中心为例[J]. 新媒体研究,2019,5(23):103-104.

[122] 韩啸. 媒体融合视角下试论走心短视频的创作[J]. 中国传媒科技,2020(12):23-25.

[123] 王颖. 基于受众审美需求的网络短视频创作研究[D]. 天津：天津工业大学,2020.

[124] 苏艳. 新媒体时代下短视频的创作策略研究[J]. 新闻前哨,2020(08):52-53.

[125] 梅思宇,景秀明,梅庆生. 从影像狂欢到知识传播——论"李子柒现象"与短视频创作升级[J]. 浙江万里学院学报,2021,34(03):68-72.

[126] 王晖,王丽梅. 生活美学在短视频创作中的应用——以"李子柒"短视频为例[J]. 工业设计,2022(01):119-120.

[127] 曹瑞雪. 自媒体时代娱乐短视频的叙事研究[D]. 大连：大连工业大学,2020.

[128] 张英瑛. 新媒介时代出版机构的网络直播营销模式探析[J]. 出版广角,2019(04):68-70.

[129] 叶南希. 作为文化生成空间的网络直播及其亚文化研究[D]. 杭州：浙江大学,2018.

[130] 吴震东. 技术、身体与资本——"微时代"网络直播的消费文化研究[J]. 西南民族大学学报(人文社科版),2020,41(05):170-177.

[131] 唐燚桦. 传播仪式观视角下的网络直播研究[D]. 南宁：广西大学,2018.

[132] 张秀萍,史毅峰.网络直播活动中用户从众消费行为的表现与动因分析——以淘宝直播为例[J].新媒体研究,2021,7(13):51-53.

[133] 范红召.粉丝经济时代网络直播营销策略及模式研究[J].现代经济信息,2018(16):336-337.

[134] 马春娜.基于网络直播的品牌营销传播研究[D].锦州:渤海大学,2017.

[135] 张莉.新媒体背景下W品牌网络直播营销策略研究[D].上海:上海外国语大学,2021.

后　　记

　　网络视听伴随着数字技术和互联网技术的发展应运而生。飞速发展的互联网技术使得网络视听内容呈现出更为丰富的内涵、具有更为多样的表现形态，并不断呈现新的变化，给网络视听内容创作带来了无限大的空间。

　　本书主要对网络视听业态中的网络视听内容创作进行全面解析，对网络视听节目进行了概念界定和分类，并针对不同类型的网络视听节目的特点、创作要求构建了系统性的理论框架。作为基础入门教材，本书集基础理论知识讲解、实际创作案例分析于一体，以求给网络视听内容创作者提供专业指导。

　　本书的编写者均为长期从事专业教学的一线教师和行业专家，进行过多项相关课题的研究，并且创作过多部网络视听作品。在遴选案例的时候，编写团队尽量选用经典、新颖的案例，然而网络视听节目具有多媒体的整合性、共生性、开放性与互动性等特点，发展迅猛，因此，内容需要不断更新。本书尚有不尽人意之处，也希冀各位专家给予指导。

　　感谢各高校教师承担本书的编写工作，感谢湖北省网络视听协会组织与指导编写，感谢相关媒体企业的专家们的支持，也感谢编委会的各位专家所给予的辛勤指导，感谢华中科技大学出版社对本书的出版给予的帮助。全书由范文琼和吴俊超进行统稿，具体编写分工如下。

　　第一章：张园园、李燕、陈慧颖。

　　第二章：李燕、陈慧颖。

　　第三章：李燕、陈慧颖、吴俊超。

　　第四章：范文琼、屈定琴、吴俊超、谢伟、李燕、张园园、岳晓虹、陈慧颖。

后记

第五章：范文琼、吴俊超、李窗影、谢伟、陈慧颖。

第六章：岳晓虹、陈慧颖。

第七章：张园园、席静、陈慧颖。

范文琼

2023 年 8 月